8° F
13937

UNIVERSITÉ DE PARIS. — FACULTÉ DE DROIT

# ÉTUDE

SUR LA

# CAPACITÉ SUCCESSORALE

DES

## ÉTRANGERS EN FRANCE

### THÈSE POUR LE DOCTORAT

L'ACTE PUBLIC SUR LES MATIÈRES CI-APRÈS

*sera présenté et soutenu le 3 Novembre 1900, à 8 heures*

PAR

## Pierre LAINÉ

Président : M. LAINÉ, *Professeur.*

Suffragants : MM. WEISS, *Professeur.*
Ambroise COLIN, *Agrégé.*

PARIS

LIBRAIRIE NOUVELLE DE DROIT & DE JURISPRUDENCE

ARTHUR ROUSSEAU, ÉDITEUR

14, RUE SOUFFLOT ET RUE TOULLIER, 13

1900

# THÈSE

## POUR LE DOCTORAT

8° F
13337

1753

La Faculté n'entend donner aucune approbation ni improbation aux opinions émises dans les thèses ; ces pinions doivent être considérées comme propres à leurs auteurs.

UNIVERSITÉ DE PARIS. — FACULTÉ DE DROIT

# ÉTUDE

SUR LA

# CAPACITÉ SUCCESSORALE

DES

## ÉTRANGERS EN FRANCE

## THÈSE POUR LE DOCTORAT

L'ACTE PUBLIC SUR LES MATIÈRES CI-APRÈS

*sera présenté et soutenu le 3 Novembre 1900, à 8 heures*

PAR

## Pierre LAINÉ

*Président :* M. LAINÉ, *Professeur.*

*Suffragants :* MM. WEISS, *Professeur.*
AMBROISE COLIN, *Agrégé.*

PARIS

LIBRAIRIE NOUVELLE DE DROIT & DE JURISPRUDENCE

ARTHUR ROUSSEAU, ÉDITEUR

14, RUE SOUFFLOT ET RUE TOULLIER, 13

1900

A MA MÈRE


A MON PÈRE

# INDEX BIBLIOGRAPHIQUE

Antoine. — *De la succession légitime et testamentaire en droit international privé*, thèse, 1876.

Amiaud (Albert). — *Aperçu de l'état actuel des législations civiles de l'Europe, de l'Amérique*, etc.,

*Annuaire de législation étrangère.*

Aubry et Rau. — *Cours de droit civil français* (4ᵉ édition parue de 1869 à 1878, t. vi.)

Anthoine de Saint-Joseph. — *Concordance entre les codes civils étrangers et le Code Napoléon.*

Bonne. — *Étude sur la condition des étrangers en France* (Extrait des mémoires de la Société des Lettres, Sciences et Arts de Bar-le-Duc, t. vii et viii, année 1877-78).

Baudry-Lacantinerie et Wahl. — *Traité des successions*, t. i.

Basilesco. — *Du conflit des lois en matière de succession ab intestat*, thèse, 1884.

Bertauld. — *Questions pratiques et doctrinales du Code Napoléon*, t. i.

*Bulletin de la Société de Législation comparée.*

Beaune (Henri). — *Droit coutumier français. La condition des personnes.*

Chabot. — *Commentaire sur la loi des successions*, t. i.

Clunet. — *Journal du droit international privé.*

Champcommunal. — *De la succession ab intestat en droit international privé*, thèse, 1892.

Colmet de Santerre (Demante et). — *Cours analytique de Code civil*, t. iii.

Dubois. — *Essai sur le conflit des lois.*

Dalloz. — *Répertoire méthodique et alphabétique de législation, de doctrine et de jurisprudence; Suppléments* (successions, testaments); *Recueil d'arrêts.*

Dissard. — *De la dévolution de la succession ab intestat en droit international privé.*

Demangeat. — *Histoire de la condition des étrangers en France.*

Durand. — *Essai de droit international privé*, précédé d'une étude historique sur la condition des étrangers en France et suivi du texte de tous les traités intéressant les étrangers.

Despagnet. — *Précis de droit international privé.*

DEMOLOMBE. — *Cours de Code Napoléon*, t. XIII, ou des *Successions*, t. I.

*Encyclopédie méthodique de jurisprudence*, t. III.

FUZIER HERMANN. — *Codes annotés*.

GUICHARD. — *Traité des droits civils*.

*Gazette du Palais et du notariat*.

*Journal du Palais*.

LE SELLYER. — *Commentaire historique et pratique sur le titre des successions*, t. I.

LOCRÉ. — *Législation civile, commerciale et criminelle de la France*, t. II, X.

LAURENT. — *Principes de droit civil français* (ouvrage belge), supplément, commencé à paraître en 1896.

LAURENT. — *Le droit civil international*, I, II, III, VI.

MERLIN. — *Répertoire universel et raisonné de jurisprudence* (Aubaine ; étranger ; héritier ; succession).

NOURISSON. — *Des successions légitimes en droit international privé*, thèse, 1886.

POIRÉ. — *De la condition civile des étrangers*.

PILLET. — *Des successions dans le droit int. privé*, thèse, 1885.

ROUGELOT DE LIANCOURT. — *Conflit des lois personnelles*.

ROSSI. — *Encyclopédie du droit*.

ROLIN. — *Principes de droit international privé* (ouvrage belge), t. II.

*Revue critique de législation et de jurisprudence*.

SAGNAC. — *Législation civile de la Révolution française*, 1789-1804 (essai d'histoire sociale, 1898).

SAPEY. — *Les étrangers en France*.

SURVILLE et ARTHUYS. — *Cours élémentaire de droit international privé*.

SIREY. — *Recueil d'arrêts*.

WEISS (André). — *Traité théorique et pratique de droit international privé*, t. II.

WEISS (André). — *Traité élémentaire de droit international privé*.

WEISS (André) et Louis LUCAS. — *Pandectes françaises*.

VINCENT et PENAUD. — *Dictionnaire de droit international privé*.

VINCENT et PENAUD. — *Revue pratique de droit international privé*.

VALETTE sur PROUDHON. — *Traité de l'état des personnes*, t. I.

VIOLLET (Paul). — *Histoire du droit français*.

ZACHARIAE. — *Cours de droit civil français*, traduit de l'allemand par MM. Aubry et Rau, seconde édition, 1843, t. I.

# INTRODUCTION

Dans la conception moderne du droit, il est certaines facultés que tout individu doit posséder et qu'il doit pouvoir exercer partout où il se trouve, sans condition de nationalité.

Ce sont d'abord les facultés indispensables à son existence matérielle : ce qui comporte le droit à la protection de sa personne et la liberté individuelle. Ce sont ensuite tous les droits de famille et tous les droits patrimoniaux sans lesquels les premiers seraient illusoires parce qu'ils sont aussi indispensables à l'homme pour vivre en société. Tels sont, par exemple, le droit de fonder une famille par le mariage, le droit d'être propriétaire, d'être créancier, et, par voie de conséquence, l'aptitude à transmettre ou à acquérir par succession ou par testament. Ce sont les droits privés. On leur oppose les droits politiques qui comportent la participation plus ou moins directe des individus au gouvernement de l'Etat, comme le droit d'être électeur, le droit

d'être éligible, le droit d'exercer une fonction publique.
Que les étrangers soient exclus d'une façon absolue de
l'exercice des droits politiques, rien de plus juste et de
plus rationnel. Il importe tout à la fois à la dignité, au
développement et à la sécurité d'un Etat, que la conduite
de ses affaires ne soit, d'aucune manière, dirigée ni
même influencée, par l'action de membres appartenant
à une autre communauté toujours rivale, quelquefois
ennemie. En ce qui concerne les droits privés, au contraire, on ne voit aucune bonne raison pour établir une
différence entre les nationaux et les étrangers ; l'égalité
de traitement apparaît, en théorie, comme la solution
et la plus équitable et la plus conforme aux principes
d'une saine justice. Elle se concilie à merveille avec les
intérêts économiques bien compris de l'Etat lui-même.
Car c'est en garantissant aux étrangers la plus grande
somme de justice par sa législation et par ses tribunaux,
c'est en leur concédant dans la mesure la plus large
l'exercice des droits privés sur son territoire, que l'Etat
peut espérer les attirer et les retenir dans l'intérieur de
ses frontières, qu'il peut les disposer à s'y fixer d'une
façon durable, et les amener à concourir à la prospérité
générale du pays, soit en y apportant des capitaux, soit
en y fondant des industries nouvelles qui feront vivre de
nombreux ouvriers, soit en donnant un débouché à ses
produits par les dépenses qu'ils viendront faire sur
place. A cet égard donc, comme sous beaucoup d'autres
rapports d'ailleurs, la science du droit s'accorde avec

l'économie politique pour conseiller au législateur la même règle d'égalité dans les relations juridiques entre les nationaux et les étrangers.

Et cependant, cette proposition, longtemps méconnue ou plutôt combattue avec énergie, aujourd'hui affirmée par d'éminents jurisconsultes et de savants économistes, est loin d'être une vérité d'ordre législatif.

De nos jours encore, parmi les droits privés, les uns sont complètement refusés aux étrangers, les autres leur sont reconnus plus ou moins complètement, mais le plus souvent avec des restrictions de faveur dans l'intérêt des nationaux. C'est dans cette dernière caté-gorie que rentre la capacité des étrangers en matière successorale qui doit faire l'objet de la présente étude.

A ce point de vue, notre ancienne législation s'était montrée particulièrement sévère pour les étrangers. Traités à peu près comme serfs pendant la plus grande partie du Moyen-Age, les étrangers ou aubains avaient obtenu de la monarchie naissante la reconnaissance de la qualité d'hommes libres. Certains droits leur étaient même reconnus : ils pouvaient être propriétaires, ils pouvaient se marier et exercer la puissance paternelle. Mais par une contradiction étrange, si on avait permis aux étrangers d'être propriétaires, on leur avait enlevé l'attribut normal de la propriété, celui de disposer de leurs biens après leur mort. On leur laissait bien la faculté de fonder une famille et d'établir ainsi des liens de parenté et d'affection reconnus par la loi ; mais on les privait en même temps de l'avantage le plus appréciable résultant des liens de parenté, le droit de transmettre ou de recueillir par succession légitime ou par disposition testamentaire.

Cette incapacité, connue sous le nom de droit d'aubaine, reçut des adoucissements successifs. Le droit d'aubaine se transforma vers la fin de l'ancien régime en un droit très atténué, le droit de détraction. Mais il était réservé aux hommes de la Révolution de réaliser sur ce point, comme en tant d'autres matières, les réformes nécessaires. L'Assemblée Constituante par deux décrets successifs proclama l'égalité absolue devant la loi civile, des étrangers et des nationaux, mettant ainsi en pratique les principes de philanthropie et d'humanité qui avaient inspiré ses actes. Malheureusement les temps étaient peu favorables à la réalisation d'une politique aussi généreuse. Le progrès qu'avait produit la philosophie du XVIII<sup>e</sup> siècle fut compromis par les événements politiques et c'est sous l'influence d'un grand sentiment de violence et de défaveur à l'égard des étrangers que les rédacteurs du Code civil composèrent leur œuvre législative, au lendemain des guerres impitoyables de la Révolution et à la veille des grandes épopées militaires de l'Empire. L'égalité entre les nationaux et les étrangers est rayée de nos lois. Le droit d'aubaine n'est pas rétabli, en propres termes, dans la nouvelle législation ; mais, ainsi que nous le verrons et que nous l'expliquerons plus loin en détail, la situation faite aux étrangers en matière successorale, est dans un certain sens, plus rigoureuse que celle qui résultait de l'ancien état de choses.

Aux termes des art. 726 et 912 C. civ. les étrangers ne sont aptes à acquérir en France soit par succession *ab intestat*, soit par succession testamentaire et même par donation entre vifs, que dans les mêmes conditions où les Français sont admis à hériter, dans les pays auxquels ces étrangers appartiennent, en vertu des traités. C'est le régime de la réciprocité diplomatique. Ils ne sont pas, en droit, incapables de transmettre leurs biens par succession ou par testament, mais leurs proches parents, étant pour cause d'extranéité, incapables de recueillir, nous verrons que cette dernière incapacité entraîne fatalement, en fait, pour les premiers, l'incapacité de transmettre par succession.

Cette condition inique faite aux étrangers a cessé d'exister depuis la loi du 14 juillet 1819 qui nous régit encore actuellement. Cette loi, reprenant dans un but économique, une réforme que la Révolution avait consacrée dans un but purement humanitaire, supprime les dernières traces du droit d'aubaine. Elle pose, en effet, dans son article premier, le principe de l'égalité des étrangers et des Français sous le rapport de la capacité successorale.

Mais après avoir fait cette large concession aux étrangers, elle y apporte, dans son art. 2, une restriction importante, destinée à sauvegarder les intérêts des cohéritiers français. Elle leur accorde un droit de prélèvement sur les biens de la succession situés en France, pour la portion des biens situés en pays étranger, dont ils pourraient être exclus au profit des cohéritiers étrangers.

Cette loi présente un intérêt considérable. Non seulement elle réalise un progès définitif dans la voie de l'assimilation équitable des nationaux et des étrangers, mais on a pu dire aussi d'elle, avec juste raison, qu'elle inaugurait l'avènement du droit international privé, en rendant possibles les conflits de lois au point de vue successoral (1). En effet, il est élémentaire qu'un conflit de lois suppose essentiellement, pour pouvoir exister, que l'étranger a la jouissance des droits privés. Déterminer, si, en exerçant les droits qui lui sont reconnus, dans le pays étranger où il réside, l'étranger est régi par sa loi personnelle ou par la loi territoriale, tel est l'objet de l'étude de ce conflit et par suite du droit international privé. En accordant aux étrangers la jouissance du droit le plus important, celui de succéder, notre loi a rendu possible les conflits de lois sur ce point et elle a ouvert une source féconde de discussions aux jurisconsultes qui s'occupent de cette branche du droit.

Cette loi mérite donc une étude approfondie tant au

-----

(1) LAURENT. — *Droit civ. int.*, t. VI, p. 295, n° 165.

point de vue du mouvement des idées que sous le rapport de la science du droit international.

Nous nous proposons de diviser cette étude en trois parties :

La première partie sera consacrée à l'histoire de la capacité successorale des étrangers en France.

La seconde partie aura pour objet le principe nouveau posé par l'art. 1 de la loi du 14 juillet 1819.

La troisième partie portera sur le droit de prélèvement reconnu au profit des cohéritiers français par l'art. 2 de la même loi.

Nous terminerons par une conclusion qui résumera l'ensemble de nos développements et où nous essaierons de montrer les progrès qu'il y aurait à réaliser, dans l'avenir, en notre matière.

# PREMIÈRE PARTIE

## HISTOIRE DE LA CAPACITÉ SUCCESSORALE DES ÉTRANGERS EN FRANCE

L'histoire de la capacité successorale des étrangers en France s'est déroulée en quatre phases principales : l'ancien droit ; le droit intermédiaire ou révolutionnaire ; le Code civil ; et la loi actuelle du 14 juillet 1819. Nous consacrerons un chapitre spécial de notre première partie à chacune d'elles.

---

## CHAPITRE PREMIER

### L'ANCIEN DROIT FRANÇAIS

Nous avons dit, dans notre introduction, que notre ancien droit avait frappé les étrangers d'un système d'incapacités communément appelé droit d'aubaine ; nous avons ajouté que ce droit avait été en s'adoucissant progressivement et qu'il avait fait place, en définitive, au droit de détraction.

Nous nous proposons, dans ce chapitre, de définir ce

qu'on entendait par droit d'aubaine, d'expliquer son fonctionnement, de rechercher la conception juridique qui lui avait servi de fondement et enfin de montrer comment il était devenu le droit de détraction.

Le mot droit d'aubaine est pris dans trois sens bien différents : un sens large, un sens plus restreint, un sens très restreint. Au sens large du mot, on entend par droit d'aubaine le droit spécial aux étrangers ou aubains.

Une seconde acception, plus restreinte, sert à désigner l'ensemble des incapacités légales qui atteignent les étrangers au point de vue du droit successoral, incapacité de transmettre par succession *ab intestat*, incapacité de transmettre par succession testamentaire, incapacité de recueillir par succession *ab intestat*, incapacité de recueillir par succession testamentaire. Enfin, dans sa signification la plus restreinte et la plus technique, le droit d'aubaine s'entend seulement de l'incapacité pour l'étranger de transmettre ses biens soit par succession *ab intestat*, soit par succession testamentaire. C'est, sous une autre forme, le droit en vertu duquel le roi recueille les biens laissés en France par un étranger. (1).

(1) Pour ces définitions voyez : Bacquet, *Du droit d'aubaine*, 1ʳᵉ partie. ch. 22 et 27. — Zachariae, *Cours de droit civil français*, traduit de l'allemand, par Aubry et Rau, 2ᵉ édition, 1843, t. I, p. 164, § 77 et p. 168, § 78. — Encyclopédie méthodique de jurisprudence au mot Aubaine. — Despagnet, *Précis de droit international privé*, n° 46.

Si l'on cherche tout d'abord à déterminer la condition générale de l'étranger, en France, en prenant le mot « droit d'aubaine » dans son sens le plus étendu, on peut observer qu'au Moyen-Age, les étrangers sous le nom d'épaves, de mécrus ou d'aubains, sont d'une façon uniforme et sauf quelques exceptions, réduits à l'état de serfs. On applique, dans toute sa rigueur, le principe féodal en vertu duquel, la terre appartient au seigneur avec tout ce qu'elle porte. On peut dire qu'à l'origine, pour les seigneurs féodaux, comme pour les Romains d'autrefois, les étrangers appartiennent à ces peuples « *quibuscum neque amicitia, neque bellum, neque fœdus esse potest* ». On peut aussi leur appliquer la règle que Beaumanoir posait à l'égard des serfs : « Le sire, dit-il, peut leur prendre tout ce qu'ils ont... soit à tort, soit à droit, et il n'est tenu à en répondre fors à Dieu. »

Cette condition si pénible va s'améliorer au cours du xiiie siècle. Leur personnalité juridique va s'affirmer ; ils cesseront désormais d'être traités comme des serfs pour devenir des hommes libres. Ce résultat est dû, en grande partie, à l'intervention bienfaisante de la royauté naissante. Elle offre aux étrangers sa protection, elle les place sous son « avouerie », ayant pour pensée dominante d'affaiblir, par ce nouveau moyen, le pouvoir du seigneur, qu'elle tend à détruire ou à diminuer dans toutes ses manifestations.

Echappés désormais des liens du servage et délivrés

ensuite par la royauté de la tyrannie des seigneurs, il semble que les aubains vont pouvoir jouir dans l'avenir des bienfaits que procure ordinairement la liberté. Ils posséderont au moins les facultés qui touchent de plus près au droit naturel, notamment la capacité pleine et entière en matière successorale, cette conséquence nécessaire, tout à la fois, du droit de propriété et des droits de famille qui leur sont maintenant reconnus. Il n'en est rien cependant. Ils restent frappés d'incapacités rigoureuses en matière successorale.

Et d'abord, nous l'avons dit, l'étranger est atteint de l'incapacité de transmettre ses biens soit par succession *ab intestat*, soit par succession testamentaire. S'il est libre de son vivant, il redevient serf au moment de sa mort ; à l'exemple du latin junien du droit romain on pourrait dire de lui : « *liber vivit, sed servus moritur* ». Cette incapacité se traduit, pour le roi, représentant la personnalité juridique de l'Etat, par le droit de recueillir la succession laissée en France par les étrangers. C'est dans cette incapacité spéciale, et dans ce droit de l'Etat qui en est le corollaire que consiste le droit d'aubaine proprement dit, dans son sens exact et précis.

A cette règle si rigoureuse, on avait cependant admis deux exceptions.

Une première exception permettait à l'aubain de tester en faveur de l'Eglise, jusqu'à concurrence de cinq sols. C'était un adoucissement ayant pour but de permettre à l'aubain d'obtenir une sépulture en terre sainte que l'Eglise refusait à tous ceux qui ne lui laissaient aucun bien.

L'autre exception était établie dans l'intérêt des enfants légitimes régnicoles de l'aubain . Ceux-ci recueillaient sa succession par préférence au roi. « Aubain mort, disait-on, ne peut avoir d'héritier que de son corps. » On alla même plus loin, et on décida que quand l'aubain mourrait laissant des enfants légitimes régnicoles et des enfants légitimes étrangers, sa succession serait transmise également aux uns comme aux autres. Les enfants légitimes régnicoles étaient donc, dès lors, pour l'aubain une cause d'augmentation de capacité. Grâce à eux, d'incapable, il devient capable de transmettre sa succession non seulement à des Français, mais même à des étrangers comme lui. Il se trouvait presque dans la même situation que s'il avait été naturalisé ; ce qui a fait dire à Lebrun : « Enfants régnicoles valent à l'aubain lettres de naturalité. » On expliquait l'admission des enfants légitimes étrangers à venir concourir au partage de la succession de l'aubain avec leurs frères et sœurs régnicoles, en disant que le fisc royal était désintéressé dans la question, puisque par la présence des régnicoles il était écarté de toute façon de la succession. Cette exception et l'explication qui en était fournie dans notre ancien droit font apparaître bien nettement le caractère essentiellement fiscal du droit d'aubaine.

Une autre incapacité, avons-nous dit, frappait

l'étranger. Il ne pouvait recueillir ni par succession *ab intestat*, ni par succession testamentaire. Cette incapacité était même plus absolue que l'incapacité de transmettre, car elle ne comportait aucune exception. Tandis que l'on avait admis que l'aubain pouvait transmettre sa succession à ses enfants régnicoles, par voie de réciprocité on n'avait pas accordé à l'aubain le droit de recueillir la succession de son enfant régnicole décédé avant lui.

Dès lors lorsqu'un Français mourait laissant comme héritiers des étrangers, de deux choses l'une, ou bien il y avait en même temps que les héritiers aubains des héritiers régnicoles, ou bien il n'existait aucun autre héritier. Dans le premier cas la succession tout entière était dévolue aux régnicoles à l'exclusion des aubains. Dans le second cas, la succession tombait en déshérence ; elle allait au seigneur haut-justicier du lieu où les biens étaient situés. Mais ce n'était pas, dans ce cas, en vertu du droit d'aubaine, entendu « *stricto sensu* », que le fisc soit royal, soit seigneurial intervenait ; c'était en vertu d'un droit tout différent, le droit de déshérence. Car tandis que, à l'époque monarchique du moins, le droit d'aubaine est un attribut exclusif de la royauté, le droit de déshérence est une conséquence de la haute-justice, et appartient tantôt au roi, tantôt au seigneur.

Ainsi, entre les deux incapacités successorales dont

était atteint l'étranger dans notre ancien droit, il existait des différences considérables.

La première comportait une exception en faveur des enfants légitimes régnicoles, l'autre n'en admettait pas de semblable.

La première était sanctionnée par le droit d'aubaine, au sens exact du mot, qui était un droit régalien ; l'autre donnait lieu au droit de déshérence, qui appartenait au roi ou au seigneur haut-justicier.

Cependant, entre ces deux incapacités, il existe un lien logique qui fait que l'une devait être la conséquence nécessaire de l'autre. De même qu'il eût paru contradictoire de déclarer l'aubain incapable de recueillir une succession tout en lui reconnaissant la capacité de transmettre, de même il était rationnel que l'incapacité de transmettre fût en quelque sorte renforcée par l'incapacité de recueillir. La première eût semblé incomplète sans l'existence de la seconde ; tout le degré possible de rigueur et de sévérité, en matière de succession, n'aurait pas été atteint. La seule incapacité de transmettre aurait bien, en fait, empêché l'étranger de recueillir, de son parent étranger ; mais elle l'aurait laissé capable de recueillir d'un parent français, pour transporter, peut-être, les biens ainsi recueillis, au dehors. L'aubain incapable de transmettre, mais capable de recueillir, aurait donc pu acquérir par succession les biens d'un Français, alors qu'à l'inverse, un Français n'aurait pas pu recueillir les biens d'un étranger ; et dans cette situation l'aubain eût été plus favorisé que le Français.

Un pareil résultat serait inadmissible même à notre époque. Il l'était davantage encore dans notre ancien droit. Une telle législation, inspirée avant tout par un sentiment de haine, de défiance ou de mépris à l'égard des étrangers, ne pouvait consentir à leur faire aucune concession, en dehors de faveurs particulières et de privilèges spéciaux d'un caractère exceptionnel.

D'ailleurs, pour bien saisir la corrélation étroite entre l'une et l'autre incapacité qui fait que l'une n'est en somme que la contre-partie de l'autre, il suffit de nous rappeler l'exception que nous avons signalée plus haut, à l'incapacité de transmettre, en faveur des héritiers régnicoles. On se souvient que quand l'aubain laissait comme héritiers des enfants légitimes et régnicoles, le fisc royal s'effaçait devant eux ; l'inaptitude à transmettre cessait, la succession était dévolue aux enfants. Mais nous avons ajouté que s'il existait en même temps que des enfants légitimes régnicoles des enfants légitimes aubains, ceux-ci se trouvant relevés de l'incapacité de recueillir, venaient prendre part à la succession et concourir avec leurs frères et sœurs régnicoles. Voilà qui montre mieux que tous les raisonnements la relation étroite des deux incapacités ; du moment que l'incapacité de transmettre cessait, par voie de conséquence l'incapacité de recueillir disparaissait du même coup.

Nous allons trouver un dernier lien entre ces deux incapacités en recherchant maintenant à l'aide de quelle conception juridique on a essayé de justifier le droit d'aubaine. En effet, on a donné à ces deux incapacités successorales le même fondement et ce fondement est le droit romain.

A Rome, on divisait les droits en droits civils qui formaient le « *jus civile* » et en droits des gens qui formaient le « *jus gentium* » ; les premiers étaient des facultés réservées aux seuls citoyens romains, « *jus proprium civium romanorum* », les seconds étaient accessibles aux non citoyens comme aux citoyens. Admirateurs passionnés du droit romain qui était pour eux la raison écrite « *ratio scripta* », nos vieux auteurs ont transporté cette distinction dans notre droit coutumier. Ils assimilent les aubains aux pérégrins et font admettre par la jurisprudence que les aubains jouissent de toutes les prérogatives du droit des gens, mais ne peuvent pas se prévaloir de celles qui découlent du droit civil. Or parmi les facultés de pur droit civil on range la capacité de transmettre et la faculté de recueillir, soit par succession *ab intestat*, soit par acte de dernière volonté, donation à cause de mort ou legs. Au contraire, parmi les prérogatives du droit des gens, concédées, elles, aux aubains, se trouvent placées notamment la faculté de se marier, d'être propriétaire, d'acquérir et d'aliéner par acte entre vifs, vente, échange et même donation entre vifs.

Donc l'aubain est privé de la capacité de transmettre

et de la capacité de recueillir pour ce motif que la capacité successorale relève du « *jus civile* » dont il ne peut jouir. A l'instar du pérégrin il n'a la « *testamenti factio* » ni active, ni passive ; on ne lui succède pas et il ne peut succéder. Ce qui fait dire à Alciat : « *Peregrini, sive alienigenae in regno Franciae, nec succedunt, nec eis succeditur.* » Si au contraire l'étranger a pleine capacité pour les donations entre vifs, c'est que ce mode de disposer rentre dans le droit des gens dont l'étranger a la jouissance. On peut donc dire que le système d'incapacités successorales qui atteint l'étranger dans notre ancien droit a sa justification dans l'exclusion de l'aubain du droit civil français. Pour succéder, il faut être français et c'est ici l'occasion de répéter avec la loi romaine : « *Hereditas est juris civilis et jus civile solis civibus defert hereditatem.* »

Que penser de cet essai de justification ? En apparence, rien ne semble plus logique et plus juridique ; en réalité, si l'on va au fond des choses, il n'est pas d'institution qui soit plus injustifiable, plus antijuridique, plus inique et en même temps plus contraire aux principes économiques, que le système résultant du droit d'aubaine.

Et d'abord, en cherchant un appui à la fois historique et rationnel dans le droit romain, nos anciens auteurs ont commis une double erreur.

D'une part, ils ont eu le tort d'assimiler les aubains aux pérégrins. Les pérégrins étaient sujets de Rome ;

ils jouissaient à la fois du « *jus gentium* » et du droit de leurs cités respectives. Au contraire, les aubains, du moins dans le dernier état de notre ancien droit, ne pouvaient être considérés comme les sujets du roi de France ; ils continuaient toujours à appartenir à leur pays d'origine.

D'autre part, ils ont méconnu le véritable caractère de la distinction romaine ; ils ne se sont pas rendu compte que cette conception qui était d'accord avec le caractère exclusif du peuple romain, était peu en harmonie avec les traditions coutumières. De cette façon ils ont été inévitablement conduits sans s'en apercevoir bien nettement à fausser cette construction juridique et ils ont abouti à des contradictions manifestes. C'est ainsi que l'on reconnaît à l'aubain le droit d'être propriétaire, tandis qu'à Rome, le « *dominium ex jure quiritium* » échappait aux pérégrins comme attribut essentiel du « *jus civile* ». On permet donc que l'aubain soit propriétaire, on l'autorise même à disposer librement de ses biens par acte entre vifs, même par donation ; mais on lui refuse la faculté de transmettre sa succession ou de venir à une hérédité. Voilà la contradiction.

« Propriétaire, l'étranger doit avoir tous les droits que la loi attache à la propriété. Or c'est surtout la faculté de disposer qui constitue l'essence de la propriété ; personne n'a ce droit que le propriétaire, mais aussi il doit l'avoir, ou bien il n'est plus propriétaire. Telle est cependant la condition de l'étranger dans l'ancien droit français. Il est propriétaire, il peut disposer entre vifs, mais il ne peut transmettre ses biens à cause de mort. » (1)

Par une autre contradiction aussi peu juridique, mais plus pénible encore. on permet à l'étranger de se marier en France et de fonder une famille légitime, mais on lui défend de transmettre à ses enfants sa fortune. S'il veut les mettre à l'abri du besoin et leur assurer une existence convenable après sa mort, il n'a d'autre moyen que de se dépouiller de son vivant à leur profit. S'il tarde trop à le faire et qu'il soit surpris par la mort avant d'avoir opéré ce sacrifice nécessaire, il privera ses enfants de la fortune ou de l'aisance sur laquelle ils pouvaient être en droit de compter. Evidente et douloureuse contradiction !

Au point de vue des principes économiques, la pratique du droit d'aubaine n'était pas moins condamnable. Loin d'être une source de revenus pour l'Etat, il ne pouvait qu'être préjudiciable à ses intérêts en éloignant de France, les capitaux étrangers. Et ce résultat, par une contradiction d'un autre ordre, que n'avaient pas aperçue nos anciens auteurs, allait directement à l'encontre du but poursuivi par le système mercantile, alors en pleine faveur, qui tendait au contraire à faire entrer sur notre territoire la plus grande quantité d'or de l'étranger.

_________

(1) LAURENT. — *Droit civ. int.*, III. p. 644, n° 362.

Tout ce que nous venons de dire sur le droit d'aubaine suffit pour expliquer toutes les haines qu'il souleva dans notre ancien droit et toutes les protestations dont il fut l'occasion incessante. La royauté chercha à en atténuer les rigueurs en accordant des exemptions diverses, et en apportant au système primitif des adoucissements qui devaient le transformer en droit de détraction.

Sans parler des lettres de naturalité qui rendent l'étranger français et lui donnent, par conséquent, la pleine et entière capacité successorale, le pouvoir royal accorde des dispenses à certaines personnes, à certains établissements et même à plusieurs pays étrangers.

Dans cet ordre d'idées, nous citerons en premier lieu un édit de Henri III, du 15 juin 1579, qui déchargea du droit d'aubaine tous les marchands étrangers.—Viennent ensuite les exemptions du droit d'aubaine accordées à certains titres dont on voulait faciliter l'acquisition aux étrangers pour en rendre le placement plus aisé. C'est ce qui eut lieu pour les rentes de l'hôtel de ville, en vertu de la déclaration du 19 juin 1720. Le roi permit aux étrangers d'acquérir les effets en question avec faculté de les transmettre à leur mort à leurs héritiers naturels.

En troisième lieu, certains pays étaient exempts du droit d'aubaine parce que le roi de France prétendait avoir des droits de souveraineté sur eux. Sous peine de se mettre en opposition formelle avec de telles prétentions, on ne pouvait considérer les habitants de ces provinces comme étrangers en les frappant du droit d'aubaine. Parmi ces provinces se trouvaient la Bourgogne, la Bretagne, la Flandre, etc.

Enfin les exemptions du droit d'aubaine de beaucoup les plus considérables étaient celles qui résultaient des traités passés entre le roi de France et les pays étrangers. C'est à Henri IV que revient l'honneur d'avoir inauguré l'ère de ces traités dont le membre ira grandissant jusqu'en 1789. Nous nous bornerons à citer le traité conclu avec la Hollande en 1773 et le traité passé avec la Prusse en 1787. Il convient d'y ajouter les lettres patentes rendues sur sa propre initiative par Louis XVI le 17 janvier 1787 et qui abolissaient le droit d'aubaine à l'égard des Anglais.

Les concessions faites par la France dans ces conventions diplomatiques sont plus ou moins étendues. Les unes se bornent à prononcer la simple exemption de l'incapacité de transmettre, et leur effet est « d'admettre les parents d'un étranger décédé en France à venir recueillir sa succession ». (1)

D'autres vont plus loin encore. Elles « s'étendent à la capacité de succéder à des parents régnicoles en communiquant à l'étranger les principaux effets du droit civil ». (2) En somme, elles se réfèrent tantôt à l'inca-

---

(1) Encyclopédie méthodique de jurisprudence au mot Aubaine.
(2) *Loc. cit.*

pacité de transmettre, tantôt à la fois à l'incapacité de transmettre et à l'incapacité de recueillir, c'est-à-dire tantôt au droit d'aubaine proprement dit, tantôt au droit d'aubaine pris au sens large du mot.

Mais ces concessions ne sont pas faites aux étrangers sans condition ni restriction.

Tout d'abord, on ne veut ni se montrer trop généreux, ni compromettre les intérêts de ses propres nationaux. On entend traiter les étrangers comme les Français sont traités chez les étrangers. Ces derniers sont déchargés en France de l'aubaine à condition que les Français en soient déchargés chez eux. C'est le principe de la réciprocité diplomatique.

En outre, le caractère fiscal qui a dominé toute la législation de l'aubaine persiste et empêche sa suppression radicale. On exempte bien du droit d'aubaine les successions étrangères, mais on y substitue un droit fiscal nouveau qui, pour être moins lourd, n'en est pas moins la survivance certaine. Les successions étrangères sont frappées au profit du trésor royal d'un droit d'exportation ou de détraction qui varie suivant les conventions, du vingtième au cinquième.

Les lettres patentes de Louis XVI réalisent un progrès plus appréciable en notre matière.

Elles font bien une réserve d'un droit de détraction d'un dixième au profit du roi, mais en revanche elles prononcent l'exemption du droit d'aubaine sans condition de réciprocité..

Ces exemptions plus ou moins complètes du droit d'aubaine ont été les seules améliorations apportées dans le dernier état de notre ancien droit à la condition des étrangers en matière de succession. Certes, il en résultait un progrès appréciable, en fait, mais en droit rien n'était changé à la situation antérieure. Les concessions faites par tous les actes de la royauté avaient le tort d'être des faveurs, des privilèges accordés gracieusement ; au lieu d'être la règle elles n'étaient que des exceptions. La règle restait la même : exclusion des étrangers de toute capacité en matière successorale.

Aussi les attaques contre le droit d'aubaine continuent à la veille de la Révolution. Déjà au xvii<sup>e</sup> siècle, le grand avocat Antoine Lemaître n'avait pas craint de faire entendre à ce sujet des protestations indignées. Un autre avocat, Maynard, avait relevé la contradiction qui résultait, au point de vue des principes, de la mise en œuvre du droit d'aubaine. « On ne peut sans rougir dit-il, dénier aux étrangers la faculté de disposer et de tester des biens qu'ils ont en France, puisqu'on leur permet d'y vivre, trafiquer, acquérir, voire donner entre vifs ; car même le droit civil permet à chacun de mourir avec ce contentement qu'il est roi et maître de ses biens. Le seul étranger se voit mourir comme esclave....... »

Au xviii<sup>e</sup> siècle, jurisconsultes, économistes, philosophes, s'accordent tous à condamner le droit d'aubaine, non seulement comme contraire à l'humanité, mais aussi comme de nature à compromettre les intérêts matériels du pays. Rousseau et Montesquieu le flétrissent en termes énergiques ; ce dernier le traite de « droit insensé ». Necker s'attache à en montrer les inconvénients pratiques ; il insiste auprès du roi pour en obtenir la suppression sans condition de réciprocité. En 1787 il présente au roi un projet ayant pour objet l'abolition du droit d'aubaine. « Le produit, dit-il, en est presque entièrement consommé par les frais de formalités et par les attributions qui appartiennent aux officiers de justice ; il se réduit ainsi à 40.000 écus... Tout ce qui peut détourner les étrangers de venir dépenser leurs ressources dans le royaume et d'échanger ainsi leur argent contre le produit de notre industrie paraît une disposition aussi déraisonnable que le serait une loi directement opposée à l'exportation de ces mêmes productions. » Puis, faisant allusion aux lettres patentes de 1787 en faveur de l'Angleterre, il ajoute : « Ce n'est pas sur la demande du ministre anglais qu'il faut se presser d'abolir en entier le droit d'aubaine, c'est plutôt malgré lui qu'il faut le faire. Cette suppression ne doit pas être considérée comme un acte de condescendance, mais comme un acte politique... Si ce droit s'établissait dans quelque contrée à l'égard des Français, ce ne serait pas un motif pour agir de même avec elle, car la réciprocité n'est jamais raisonnable, quand elle ne peut exister qu'à son propre dommage et le droit d'aubaine est encore plus nuisible aux nations qui l'exercent, qu'aux étrangers dont on usurpe ainsi la fortune. » (1)

De même le comte de Vergennes écrivait officiellement en 1787 à propos des mêmes lettres patentes : « Nous n'avons aucun intérêt à désirer que notre exemple soit suivi par les puissances étrangères ; bien au contraire ; si nous avons quelque vœu à formuler à cet égard, ce serait qu'elles voulussent bien multiplier les gênes que les sujets du roi éprouvent en fixant leur demeure dans leurs Etats et qu'au lieu de les attirer chez elles par leurs faveurs, elles les repoussassent par des vexations. C'est ici l'un des cas où le défaut de réciprocité de la part des autres nations doit tourner essentiellement à notre avantage. »(2)

Ces paroles restèrent sans effet ; le droit d'aubaine et le droit de détraction ne devaient disparaître qu'avec l'ancien régime.

_________

(1) V. LOCRÉ. — *Législation civile*, t. x. — Chambre des pairs, séance du 12 mai 1819. — BOISSY D'ANGLAS dans son rapport y cite ces paroles de Necker et de M. de Vergennes.
(2) V. LOCRÉ. — *Loc. cit.*

# CHAPITRE II



LE DROIT RÉVOLUTIONNAIRE OU INTERMÉDIAIRE

La réforme que le pouvoir royal, à son déclin, n'avait pu réaliser, sera consacrée par l'Assemblée Constituante. Mais par une réaction qui n'est pas rare dans l'histoire des institutions juridiques, les étrangers vont désormais se trouver dans une situation diamétralement opposée à celle qu'ils avaient eue à l'origine dans notre ancien droit.

Tandis qu'ils avaient été, au Moyen-Age, assimilés, en tous points aux serfs, ils vont être dans le droit révolutionnaire confondus avec les nationaux ; on va leur reconnaître les mêmes droits civils, la capacité successorale entière va leur être rendue. Ce fut l'œuvre de deux lois promulguées à huit mois d'intervalle, la seconde achevant le progrès commencé par la première.

La première de ces deux lois, qui porte la date des 6-18 août 1790, prononce l'abolition, sans réciprocité, du droit d'aubaine et du droit de détraction. Cette loi est ainsi conçue :

« L'Assemblée nationale, considérant que le droit

d'aubaine est contraire aux principes de fraternité qui doivent lier tous les hommes, quels que soient leur pays et leur gouvernement ; que ce droit doit être proscrit chez un peuple qui a fondé sa constitution sur les droits de l'homme et du citoyen et que la France libre doit ouvrir son sein à tous les peuples de la terre, en les invitant à jouir sous son gouvernement libre des droits sacrés et inaliénables de l'humanité, a décrété et décrète ce qui suit :

« Article Premier. — Le droit d'aubaine et celui de détraction sont abolis pour toujours. »

Cet article, dans sa brièveté touchante, n'est pas assez explicite ; un doute s'élève dans l'esprit. Quel est exactement l'incapacité qui a été ainsi supprimée sous le nom d'aubaine ? Si l'on prend cette expression dans son sens technique, il semble bien que la seule incapacité abolie soit l'incapacité de transmettre ; en sorte que l'étranger resterait toujours sous le coup de l'incapacité de recueillir.

Mais il n'est pas moins certain aussi, que telle n'était pas l'intention du législateur révolutionnaire qui avait la volonté formelle de supprimer à cet égard tout vestige de l'ancien droit. Cependant pour faire cesser l'équivoque qui résultait des termes incomplets de la loi. une nouvelle loi fut promulguée les 8-15 avril 1791, qui décide ceci :

« Les étrangers, quoique établis hors du royaume, sont capables de recueillir en France la succession de leurs parents, même français; ils pourront de même recevoir et disposer par tous les moyens qui seront autorisés par la loi. » (1)

La loi de 1790 n'avait soulevé pour son adoption, au sein de l'Assemblée Constituante, l'opposition d'aucun de ses membres. Il n'en fut pas tout à fait de même pour la loi de 1791. Plusieurs orateurs s'opposèrent à la suppression, sans condition, de l'incapacité de recueillir, ils proposèrent le système de la réciprocité. Mais cette opinion était trop contraire aux tendances généreuses et humanitaires de la Révolution pour trouver un écho. Un orateur, M. Martineau, parlant contre le régime de réciprocité que l'on voulait faire admettre, déclara que « si l'on voulait établir la fraternité parmi les peuples, on devait commencer par en donner l'exemple le plus désintéressé ». L'Assemblée Nationale n'avait pas voulu, comme disait Barrère, « aller moins loin que les froids diplomatistes de l'ancien régime »

(1) Le doute qui pouvait naître du décret du 6 août 1790 eut donc pour conséquence de faire admettre que ce décret n'avait supprimé que l'incapacité de transmettre. La meilleure preuve en est que l'Assemblée Constituante rendit un second décret donnant aux étrangers le droit de recueillir une hérédité. En outre cette preuve est corroborée par un arrêt de la Cour de cassation du 2 prairial an IX; 22 mai 1800. Il s'agissait d'une succession ouverte entre le décret de 1790 et celui de 1791, et dans cette succession, un étranger était appelé à concourir avec des cohéritiers français. La Cour régulatrice décida que cet étranger ne pouvait succéder. Cet arrêt est rapporté dans le Répertoire de Merlin au mot : Héritiers, section VI, § 3 et dans Guichard : *Traité des droits civils,* p. 203 et s.

en se bornant « à faire simple remise du droit fiscal ». C'est ce qui se serait produit si après la loi de 1790 qui ne parlait que du droit d'aubaine et du droit de détraction, on avait restreint, dans la loi de 1791, l'abolition de l'incapacité de recueillir, par la condition de réciprocité.

La bienfaisante réforme réalisée par ces deux lois fut étendue à nos colonies par une loi postérieure du 13 avril 1791.

Elle fut de nouveau consacrée par le titre VI de la constitution des 3-14 septembre 1791 et par l'art. 335 de la constitution du 5 fructidor an III.

La Constituante en donnant ainsi l'exemple de la générosité et de la justice, croyait que sa conduite serait imitée par les autres législations de l'Europe. Il n'en fut rien malheureusement. Les Etats européens coalisés contre la France pour sauver le principe monarchique de la faillite définitive, n'étaient guère disposés à se montrer bienveillants envers les Français. Nos nationaux continuèrent à être traités par les gouvernements étrangers avec autant de rigueur que par le passé, et partout, ils restèrent soumis au droit d'aubaine ou au droit de détraction ; en sorte que nous avions tout l'air d'avoir joué un rôle de dupes, en accordant aux autres tous les avantages possibles sur notre territoire, sans obtenir en échange, aucune concession de l'étranger.

C'est cette considération qui a porté un grand nombre d'auteurs modernes à critiquer vivement la réforme accomplie par l'Assemblée Constituante. Pour beaucoup d'entre eux, le législateur révolutionnaire se serait laissé entraîner vers cette solution généreuse par une philanthropie excessive, déclamatoire dans la forme, mais creuse dans le fond, sans se préoccuper suffisamment des résultats pratiques qui devaient en être la conséquence. Nous croyons cette appréciation exagérée. Sans doute, il est arrivé souvent que le législateur de la période intermédiaire s'est trouvé emporté par l'ardeur de ses sentiments et par la violence de son tempérament, au-delà des limites du raisonnable. Mais précisément, on ne peut pas lui adresser un semblable reproche en notre matière. C'est avec la connaissance très juste des véritables intérêts de la France, que la Constituante a aboli l'incapacité successorale des étrangers (1). Elle n'était pas sans connaître les déclarations de Necker et sans en apprécier le bien fondé. Elle n'ignorait pas non plus, ce que M. de Vergennes avait écrit à l'occasion des lettres patentes de 1787. Comme ces hommes politiques, elle comprit que le droit d'aubaine était non seulement injuste, mais encore qu'il portait atteinte aux intérêts mêmes du pays. Elle se rendit compte que l'affluence des étrangers sur notre territoire était une cause de prospérité pour notre

(1) Voy. DESPAGNET. *Cours de droit int. privé,* n° 50, p. 63 (édit. 1891).

industrie et pour notre commerce et que le maintien du droit d'aubaine ou de détraction n'aurait eu pour effet que de les écarter de la France et de les diriger vers d'autres pays plus hospitaliers que le nôtre. C'est donc cette considération d'intérêt économique venant corroborer les raisons si puissantes de l'équité et de la justice, qui détermina la réforme consacrée par les lois de 1790 et de 1791. Si cette législation n'a pas produit les résultats qu'on était en droit d'en attendre, c'est seulement parce que les événements politiques n'étaient pas favorables au développement chez les autres peuples des sentiments de bienveillance et de fraternité qui animaient si violemment nos gouvernants. (1)

---

(1) Comme nous le verrons dans notre chapitre IV en étudiant les travaux préparatoires de la loi du 14 juillet 1819, Boissy d'Anglas déclare aussi que ce sont les événements politiques qui ont rendu stérile l'œuvre de la Constituante. L'orateur dit en effet : « .... Cette saine et politique disposition qui fut accueillie par une approbation unanime, ne produisit aucun bon résultat : les barbares lois des assemblées suivantes, les confiscations si généralement et si injustement prononcées, le système de terreur répandu sur toute la France, les guerres continuellement faites à toutes les puissances de l'Europe..... éloignèrent de notre territoire, tous ceux qui, appelés par de sages lois auraient eu le désir de s'y établir. » (V. LOCRÉ, t. X. Chambre des pairs, séance du 26 janvier 1819).

# CHAPITRE III



Nous avons dit plus haut que la politique libérale du gouvernement révolutionnaire à l'égard des étrangers n'avait pas été suivie par les autres Etats. Alors que les étrangers étaient en France assimilés à nos nationaux au point de vue du droit privé, les Français continuaient à être traités avec défaveur à l'étranger et subissaient comme par le passé les rigueurs du droit d'aubaine et du droit de détraction.

Cette inégalité de condition parut choquante au gouvernement consulaire et aux rédacteurs du Code civil. D'ailleurs, le courant des idées était bien modifié, et les circonstances se prêtaient admirablement à l'œuvre de réaction rétrograde qui allait être consommée. Si les sentiments de philanthropie humanitaire des hommes de la Constituante rencontraient encore des partisans et des défenseurs, une tendance contraire commençait à s'affirmer d'une façon irrésistible. Sous l'influence des guerres continuelles et sanglantes, on s'était accoutumé à regarder les étrangers avec moins de bienveillance et de faveur, et à les considérer comme des adversaires sinon toujours comme des ennemis auxquels il ne convient pas de faire plus de concessions qu'ils ne consentent à nous en faire eux-mêmes. On avait ainsi fini par se persuader que l'intérêt qu'il y avait à attirer les étrangers chez nous n'avait pas autant de portée qu'on lui en avait attribué antérieurement. Cet intérêt, disait-on, « n'est pas égal dans toutes les circonstances ; en temps de guerre, non seulement il n'existe pas, mais il est remplacé par l'intérêt contraire.»

Aussi, lorsque le premier projet du Code civil, qui consacrait selon les idées de la Révolution l'égalité des étrangers et des nationaux vint en discussion devant la section de législation du conseil d'Etat, celle-ci estima le projet inacceptable dans des termes aussi absolus. Faire des concessions aux étrangers sans qu'ils répondent par des concessions, de même nature, c'était, pensait-on, non seulement se montrer généreux inutilement, mais aussi s'exposer au danger de voir les autres pays ne jamais se départir de leur rigueur vis-à-vis des Français. L'amour propre faisait croire au législateur, qu'en agissant comme l'avait fait l'Assemblée Constituante, il se mettrait dans une situation inférieure et humiliante vis-à-vis des autres Etats, et qu'en même temps il servirait mal l'intérêt des Français, ceux-ci n'obtenant rien en pays étranger et la France accordant tout aux étrangers. C'est pourquoi Rœderer disait au conseil d'Etat : « Abolir gratuitement et sans réciprocité le droit d'aubaine et de détraction, c'est détruire pour les autres Etats tout motif de prononcer la même abolition en faveur de la France et autoriser même ceux qui l'on déjà fait à rétrograder vers la barbarie.» (1)

Dès lors, entre l'ancien droit dont on ne pouvait nier le caractère odieux et inhumain, d'une part, et le droit nouveau dont on méconnaissait la haute portée philosophique en le traitant de « sublime niaiserie », d'autre part, on fit une transaction. On établit une conciliation des deux principes opposés : du principe fiscal et égoïste de notre ancien droit et du principe généreux et philanthropique de la Révolution. On aboutit ainsi au système de la réciprocité, grâce auquel les rédacteurs du Code espéraient obtenir de force des pays étrangers, ce que la Constituante avait essayé d'obtenir de plein gré, pour nos nationaux au dehors.

Le texte du projet de Code établi en 1801 portait : « Les étrangers jouissent en France de tous les avantages du droit naturel, du droit des gens et du droit civil proprement dit, sauf les modifications établies par les lois politiques qui les concernent. » (2)

C'eût été la consécration de l'œuvre de la Constituante. La section de législation écarta le projet et y substitua le texte suivant : « L'étranger ne jouira en France que des mêmes droits civils qui sont accordés

_______________

(1) LOCRÉ. — *Législation civile*, t. II, p. 133.
(2) LOCRÉ. — *Législation civile*, t. II, p. 11 et suiv. — MERLIN, Répertoire au mot Etranger, § 1, n° 8.

aux Français par la nation à laquelle cet étranger appartient.» (1) C'était le régime de la réciprocité de fait ou législative. On aurait traité l'étranger en France de la même manière que la loi du pays de cet étranger aurait traité les Français ; l'étranger aurait eu en France la même capacité successorale que celle que le Français aurait eue d'après la loi nationale de cet étranger.

Cette nouvelle rédaction souleva devant le tribunat des objections qui la firent écarter. On fit observer qu'un tel système aurait pour effet d'exposer la législation française sur les étrangers à toutes les fluctuations des lois étrangères ; on préféra s'arrêter au système plus stable de la réciprocité résultant des traités ou réciprocité diplomatique. Ce système avait, en outre, sur le précédent, l'avantage considérable de laisser le gourvernement juge des concessions à faire aux étrangers.

C'est cette solution qui fut adoptée et qui forme l'objet de l'art. 11 ainsi conçu : « L'étranger jouira en France des mêmes droits civils que ceux qui sont ou seront acordés aux Français par les traités de la nation à laquelle cet étranger appartiendra. » (2) Par application de ce principe général, les art. 726 et 912 C. civ. déterminèrent la capacité successorale de l'étranger de la façon suivante :

_______________

(1) LOCRÉ. — *Loc. cit.*
(2) LOCRÉ. — *Op. cit.*, t. II, p. 11 et suiv.

Art. 726. — « Un étranger n'est admis à succéder aux biens que son parent étranger ou français possède dans le territoire du royaume, que dans les cas et de la manière dont un Français succède à son parent possédant des biens dans le pays de cet étranger conformément aux dispositions de l'art. 11, au titre de la jouissance et de la privation des droits civils.»

Art. 912. — « On ne pourra disposer au profit d'un étranger que dans le cas où cet étranger pourrait disposer au profit d'un Français.»

De ces articles on peut dégager les règles suivantes concernant la capacité successorale des étrangers sous l'empire du Code civil.

En premier lieu, les étrangers ont une capacité entière pour disposer de leurs biens par quelque mode que ce soit, entre vifs ou par acte de dernière volonté, par voie de succession légitime ou par testament. Nulle part en effet, cette faculté ne leur est enlevée

Au contraire, l'étranger est, en principe, incapable de recueillir par succession *ab intestat* (art. 726) ; il est également incapable de recueillir soit par testament, soit par donation entre vifs (art. 912).

Mais cette incapacité n'est pas irrémédiable ; elle peut être levée si deux conditions se trouvent réunies. L'art. 726 le dit expressément ; l'art. 912 est muet à cet égard, mais il n'est pas douteux qu'il doive être complété sur ce point par l'art. 726 et par l'art. 11 combinés.

La première condition consiste dans l'existence d'un

traité conclu par la France avec le pays auquel appartient l'étranger, traité établissant la réciprocité du droit de succéder entre les membres des deux pays. Cela ne suffit pas. Une seconde condition est nécessaire. Etant donné un étranger appartenant à un pays lié avec la France par un traité de réciprocité en matière successorale, pour qu'il soit admis à hériter en France, il faut que, d'un côté, cet étranger soit, d'après la loi française, apte à recueillir en France telle succession, de tel ordre, de telle quotité, composée de tels ou tels biens et que, d'un autre côté, un Français soit capable, réciproquement, d'après la loi étrangère, de recueillir à l'étranger une succession de même nature, dans les mêmes conditions d'ordre et de quotité. En d'autres termes, il faut identité complète entre la situation faite à l'étranger en France, d'après la loi française et la situation faite au Français, à l'étranger, par la loi étrangère.

Il faut donc, en un mot, une double réciprocité pour que l'étranger soit admis à recueillir une succession, un legs ou une donation, sous l'empire du Code civil : réciprocité générale de nation à nation et réciprocité de cohéritier à cohéritier. Il convient toutefois de noter que la Cour de cassation, malgré la généralité des termes de l'art. 726, n'exigeait cette condition de réciprocité individuelle que quand le défunt, dont la succession s'ouvrait en France au profit d'un étranger, laissait

effectivement des biens dans le pays de cet étranger (1).
En somme, on peut dire avec M. Laurent, que dans le
système de réciprocité établi par le Code « un étranger
n'est admis à recueillir une succession en France que
dans le cas où un Français est admis dans le pays de
cet étranger et d'après les lois de ce pays à une succession de même ordre ; et qu'un étranger ne peut avoir
dans une succession ouverte en France que les mêmes
droits quant à la quotité et à l'espèce des biens que ceux
qui sont accordés à un Français dans le pays de cet
étranger ». (2)

Théoriquement, les rédacteurs du Code civil, en rom-
pant avec les généreuses inspirations des lois révolu-
tionnaires paraissaient avoir adouci les rigueurs excessives de l'ancienne législation. Ils semblaient par une
conciliation heureuse, avoir réussi à sauvegarder, à la
fois, les principes d'équité et de justice internationale
envers les étrangers tout en ménageant sagement les
intérêts de nos nationaux établis au dehors. C'est
ainsi qu'ils avaient maintenu la réforme de l'Assemblée
constituante et consacré définitivement l'abolition du
droit d'aubaine et de détraction. L'étranger pouvait
librement, sans condition ni restriction, disposer de ses

_________

(1) Voy. Cass., 24 août 1808. *J. P.*, t. xxiii, p. 49 ; Cass., 9 fé-
vrier 1813, S. 1813, 1. 113 ; Douai, 1 mai 1819. S. 1820, 2. 171 ;
Cass., 9 février 1831. D. 1831, 1. 415 ; Cass., 31 décembre 1850,
S. 1851, 1. 26.

(2) Voy. LAURENT. — *Dr. civil international*, t. iii, p. 653.

biens par succession ou par testament, dans les mêmes conditions que les Français. Sans doute ils avaient rétabli l'incapacité de recueillir qui frappait l'étranger dans notre ancien droit et qu'avait supprimée la Révolution. Mais le rétablissement de cette incapacité était accompagné d'un tempérament, qui devait, semble-t-il, en atténuer singulièrement l'application; puisqu'elle pouvait disparaître par l'effet de la réciprocité diplomatique. Les Etats étrangers avaient un moyen à leur portée pour faire cesser pour leurs nationaux les inconvénients de l'incapacité de recueillir dont ils étaient menacés en France, en levant le même interdit sur leur territoire à l'égard des Français, par voie de traités diplomatiques. Dès lors, s'ils ne recouraient pas à ce moyen facile, pouvaient-ils légitimement se plaindre du traitement réservé à leurs nationaux ?

Voilà le jugement que l'on est tenté de porter à première vue sur la législation du Code civil en notre matière. Mais, en l'étudiant de plus près, on se rend compte que sous des apparences plus adoucies, elle se montre plus rigoureuse encore, à l'égard des étrangers, que notre ancienne jurisprudence.

En effet, le Code civil établit une incapacité qui n'existait pas dans notre ancien droit, l'incapacité de recueillir par donation entre vifs. Nos anciens auteurs considéraient au contraire la faculté de donner et de recevoir par donation entre vifs, comme un attribut du « *jus gentium* » ouvert à tous.

Sans doute, le Code civil ne fait pas revivre le droit d'aubaine proprement dit, c'est-à-dire l'incapacité de transmettre par succession *ab intestat* ou testamentaire, mais en fait, il aboutit fatalement à ce résultat en privant d'autre part les étrangers de l'aptitude à recueillir une succession. Pour que l'étranger puisse profiter de la faculté de transmettre il faut que les héritiers qu'il laisse soient français. S'il n'a au contraire, que des étrangers pour héritiers naturels, sa succession tombera en déshérence et c'est le fisc qui s'en emparera. Or comme cette circonstance se rencontrera dans la plupart des cas, la faculté de transmettre devient purement illusoire.

Bien plus, le droit d'aubaine ainsi remis en vigueur par la force même des choses, comme nous venons de le démontrer, va opérer d'une façon plus rigoureuse encore que dans notre ancien droit. Nous avons vu que le pouvoir royal avait fait au profit des enfants légitimes régnicoles de l'étranger une exception remarquable au droit d'aubaine; on se souvient aussi que lorsque concurrement avec des régnicoles, étaient appelés des étrangers, ceux-ci étaient admis à partager la succession avec les premiers. Il y avait là, en même temps, une dérogation à l'incapacité de transmettre et une dérogation à l'incapacité de recevoir. Aucun tempérament de ce genre n'est admis sous l'empire du Code civil. Les règles de ce dernier sur les successions sont même encore rendues plus rigoureuses dans leur application par suite de la différence qui existe entre ses règles sur la nationalité et celles de l'ancien droit sur le même objet. Dans notre ancien droit, l'enfant d'un étranger né en France était Français; par conséquent, en sa qualité de régnicole, il pouvait recueillir la succession de son père et échapper au droit d'aubaine. Sous le Code civil il en était autrement. Cet enfant était étranger et son père ne pouvait d'aucune façon lui transmettre ses biens par succession, soit qu'il fût seul, soit qu'il existât d'autres enfants, français, à côté de lui. On peut donc dire, sans être taxé d'exagération, que le droit d'aubaine, non rétabli en théorie, revivait en pratique par le fait des règles du Code civil.

D'ailleurs, il apparaît bien que l'Empire s'était parfaitement rendu compte de ce résultat. Car, comment expliquer autrement un certain nombre de décrets rendus par l'Empereur pour supprimer en France le droit d'aubaine et de détraction au profit des habitants de certains pays qui avaient accordé aux Français les mêmes exemptions? Parmi ces décrets nous citerons le décret du 19 février 1806 sur l'affranchissement réciproque du droit d'aubaine pour les habitants de la France et du royaume d'Italie; puis une série d'autres décrets concernant les nationaux des différents royaumes qui composaient alors l'Allemagne. Enfin on vit même le gouvernement impérial rendre un décret à la date du 20 décembre 1810 relevant un gentilhomme hongrois le sieur Vay de Vaya des atteintes du droit d'aubaine, par mesure spéciale. (1) N'est-ce pas l'aveu implicite, qu'en fait, sinon en droit, le système d'incapacité organisé par le Code aboutissait indirectement au rétablissement du droit d'aubaine.

Concluons donc, sur ce point : la législation du Code civil était mauvaise. Aussi illogique et contradictoire que notre ancienne jurisprudence, violant comme elle les principes élémentaires de justice à l'égard des étrangers auxquels elle refusait la jouissance d'un droit naturel, elle aboutissait dans ses résultats à des conséquences plus regrettables encore. Un semblable régime ne pouvait pas se maintenir longtemps en vigueur.

(1) LOCRÉ. — *Législation civile*, t. II, p. 380.

## CHAPITRE IV



Quinze années se sont à peine écoulées depuis que
les art. 726 et 912 du Code civil sont appliqués en France,
que les événements politiques déterminent, encore une
fois, le législateur, à remettre à l'étude la question de
la capacité successorale des étrangers. On est à la fin
des guerres du premier empire; l'Europe a signé la
paix avec la France, mais cette dernière est vaincue et
épuisée par les sacrifices d'hommes et d'argent que la
glorieuse épopée impériale lui a coûtés. Son commerce,
son industrie, son agriculture, ses finances, tout se
trouve dans le plus absolu désarroi; la vie nationale
menace de s'éteindre. Le gouvernement de la Restauration voit le danger; pour y porter remède, il faudrait
entreprendre de grands travaux publics, construire des
routes, creuser des canaux, mettre en valeur nos grandes propriétés qui sont demeurées trop longtemps sans
être exploitées. Mais pour mener à bien de telles entre-
prises, il faut des capitaux considérables; et les caisses
publiques sont vides, et l'épargne privée est épuisée.

On songe à faire appel aux capitaux étrangers ; mais par sa législation si rigoureuse pour les étrangers la France les a éloignés de son territoire. Ils n'osent y venir et ils se refusent à y placer leur argent, ne s'y trouvant pas en sécurité eux et leurs biens. La France a bien passé de nombreux traités pour écarter vis-à-vis des pays étrangers les conséquences fâcheuses des art. 726 et 912 ; mais ces traités sont rompus en cas de guerre et le temps n'a pas encore fait oublier que la France a mis l'Europe à feu et à sang. Quant aux étrangers dont les pays n'ont pas de traité avec la France, ils se soucient encore moins que les autres de venir chez nous s'établir et y faire des affaires, étant exposés, s'ils viennent à mourir en France, à voir leurs biens confisqués par l'Etat au mépris de tout sentiment de justice.

Pour attirer les étrangers et leurs capitaux en France il fallait donner à ceux-ci des garanties absolues au point de vue de la transmission de leurs biens par décès. Le législateur s'en rendit compte et entra dans la voie des réformes. Le 4 avril et le 22 décembre 1818 un membre de la chambre des pairs, M. le duc de Lévis, soumet à cette chambre une proposition de loi tendant à l'abrogation des art. 726 et 912 du Code civil. Il développe cette proposition en séance publique le 4 janvier 1819. Renvoyée à une commission dont fait partie M. de Lévis lui-même, avec le marquis de Clermont-Tonnerre cette proposition est adoptée par la chambre des pairs puis transmise à la chambre des députés. Celle-ci la discute en comité secret, puis l'adresse à une commission dont le comte Siméon est rapporteur, et l'adopte finalement à son tour. Elle est alors présentée au roi qui la fait convertir en projet de loi et charge le garde des sceaux, M. de Serres, le comte Siméon et le baron Cuvier de le porter aux chambres. La chambre des pairs reçoit le projet le 4 mai 1819 et le vote après examen d'une commission, au rapport du comte Boissy d'Anglas, le 28 mai 1819. Le 29 mai, le garde des sceaux présente le projet à la chambre des députés, qui, sur le rapport du baron Pasquier, l'approuve, le 9 juin suivant. Ce projet ainsi voté devient la loi du 14 juillet 1819, qui régit encore actuellement la matière qui nous occupe. (1)

Dans son article 1$^{er}$, cette loi rétablit l'égalité des nationaux et des étrangers au point de vue de la capacité successorale, égalité que le Code civil avait supprimée ; mais dans son article 2, elle édicte une mesure protectrice pour que cette égalité ne préjudicie pas aux intérêts de nos nationaux.

Ainsi par une ironie vraiment curieuse du sort, il fut réservé au gouvernement de la Restauration, qui s'était formé, avec l'appui de l'Europe, comme un gouvernement de protestation et de réaction contre le mouve-

_______

(1) LOCRÉ. — *Législation civile*, t. x (Loi du 14 juillet 1819.)

ment révolutionnaire, d'emprunter à la Révolution elle-
même sa législation libérale et humanitaire à l'égard
des étrangers. Le garde des sceaux croit devoir s'ex-
cuser de cette rencontre fortuite imposée par les événements, du projet qu'il propose à l'adoption des chambres, avec les principes de justice et de philanthro-
phie qu'avait proclamés l'Assemblée constituante. Il
craint, semble-t-il, de se voir reprocher un retour en
arrière vers les idées que la charte avait voulu condamner, et, pour écarter toute accusation de compro-
mission avec les hommes de la Révolution, il n'hésite
pas à rabaisser son œuvre en lui donnant comme unique raison d'être des considérations de pur intérêt
politique. « Ce n'est pas, dit M. de Serres dans son
exposé des motifs, par un mouvement de générosité
que nous voulons effacer les différences relatives aux
successions et aux transmissions des biens, c'est par
calcul (1). »

C'est donc uniquement l'intérêt égoïste de l'Etat que
le gouvernement de la Restauration veut sauvegarder
et non le triomphe des idées d'égalité et de justice
entre les hommes. Cependant, si l'on prend connaissance des discours qui furent prononcés au cours de
la discussion, soit à la chambre des pairs, soit à la
chambre des députés, on voit que les hommes politiques
de l'époque se rendaient nettement compte de l'iniquité

_______________

(1) *Moniteur* de 1819, p. 605.

de la législation qu'ils travaillaient à réformer ; et l'on est heureux de voir exposer, à côté des raisons économiques, des considérations de justice de l'ordre le plus élevé, en faveur de l'égalité de traitement des étrangers et des nationaux.

« Le droit d'aubaine, dit le duc de Lévis, est à la fois injuste et impolitique ; j'ajouterai que les circonstances actuelles de nos finances nous pressent de l'abolir... Il appartient à une nation généreuse et éclairée de proclamer ce principe d'équité trop longtemps méconnu, mais que la nature n'en a pas moins gravé dans tous les cœurs : que la morale publique ne diffère en rien des règles qui prescrivent à chacun ses devoirs, en d'autres termes, ce que la conscience défend à un individu est également interdit à un gouvernement. Qui de vous, Messieurs, consentirait à s'enrichir de la dépouille d'un étranger ? La réponse qui n'est pas douteuse proscrit inévitablement le droit d'aubaine... Nous éprouvons plus que jamais le besoin d'attirer et surtout de fixer les capitaux du dehors... Est-il raisonnable de repousser ceux des étrangers qui voudraient s'établir dans notre patrie, en leur opposant le plus grand des obstacles, le sentiment de la paternité, er leur refusant la faculté de tester, cette consolation des mourants, cet encouragement si puissant pour le travail et pour tous les genres d'améliorations ? Tant que cette incapacité légale subsistera, tant que les étrangers qui voudraient se fixer en France n'y jouiront point de la plénitude des

droits civils, leurs capitaux ne feront pour ainsi dire
que des incursions sur cette terre inhospitalière...
Cette abolition est d'intérêt public... Telle est, pour
le dire avec franchise, la cause du zèle que je mets à
provoquer une mesure qui n'a jamais cessé d'être
équitable et utile, mais que les circonstances actuelles
ne permettent pas d'ajourner. Il est heureux pour le
législateur de pouvoir allier ce que prescrit le droit
naturel avec l'intérêt bien entendu. » (1)

Un autre orateur, le marquis de Pastoret, montre la
contradiction flagrante qui existe entre l'incapacité
successorale de l'étranger et son aptitude à être propriétaire et à acquérir par tous les autres modes du droit
civil. « C'est du droit naturel, dit-il, que dérivent les
conventions, les engagements, les promesses ; et s'il est
la règle et le gardien de tous les moyens d'acquérir, il
doit le devenir par une conséquence indispensable et
rigoureuse des moyens de faire usage de ce qu'on
s'est procuré. A quoi servirait d'être protégé par la loi
dans l'acquisition, si on était abandonné ou contrarié
par elle dans la transmission ? Je conçois plutôt qu'on
refuse aux étrangers la faculté d'acquérir que je conçois
qu'on leur refuse celle de succéder et de transmettre après avoir accordé celle de posséder. De quel
droit leur dérobez-vous des richesses qu'ils avaient ou

_______

(1) Locré. — *Législation civile,* t. x. Chambre des pairs, séance
du 22 décembre 1818 et séance du 30 janvier 1819.

les fruits accumulés d'une salutaire industrie ?... La faculté de tester est indépendante des formalités dont on l'accompagne et des règles auxquelles on peut en soumettre l'usage ; elle tient au droit de propriété, elle en est l'exercice ; elle s'induit par là même du droit naturel et est consacrée par lui. » (1)

Ces deux discours montrent combien étaient justifiés, tant sous le rapport du droit qu'au point de vue de la simple logique, les reproches qu'avaient fait naître la législation de l'aubaine et le Code civil. Il apparaît donc que la réforme d'un semblable abus va être admise sans difficulté et surtout sans condition. Il n'en est point tout à fait ainsi cependant.

Des orateurs, non seulement sont hostiles à la proposition, mais encore cherchent à justifier le droit d'aubaine et demandent qu'on s'en tienne aux seules exceptions qui y ont été apportées jusqu'à ce jour. D'autres admettent bien le principe de la réforme, mais ne consentent pas à abandonner le principe de la réciprocité diplomatique. Or, c'est précisément ce système qu'a consacré le Code civil et qui a produit, nous l'avons vu, des résultats funestes pour la France. Aussi Boissy d'Anglas intervient-il pour apporter à la proposition de loi l'autorité de son éloquence. Il n'hésite pas à rendre un légitime hommage à la généreuse initiative de l'As-

(1) LOCRÉ. — *Législation civile*, t. x. Chambre des pairs, séance du 26 janvier 1819.

semblée Constituante et il s'élève en termes d'une juste
sévérité contre la législation du Code. L'égalité qu'avait
proclamée l'Assemblée Constituante était à la fois conforme aux principes du droit naturel et à l'intérêt bien
entendu de l'Etat. et si cette politique bienfaisante n'a
pas produit tous les résultats qu'on pouvait en espérer,
cela à tenu uniquement aux circonstances exception-
nelles de l'époque révolutionnaire. Quant au système de
réciprocité décrété par le législateur de 1804, il n'est
juste qu'en apparence ; il aboutit dans son application à
des conséquences aussi révoltantes que le régime de
pure spoliation résultant de l'aubaine.

« Toutes les barrières qui existaient entre les diverses nations et nous, dit cet orateur, n'étaient pas encore
levées lorsque l'Assemblée Constituante les renversa
par un acte de sagesse, en supprimant tout droit d'aubaine par rapport à tous les sujets de quelque gouvernement que ce fût et sans réciprocité. Néanmoins cette
saine et politique disposition qui fut accueillie par une
approbation unanime ne produisit aucun bon résultat :
les barbares lois des assemblées suivantes, les confiscations si généralement et si injustement prononcées,
le système de terreur répandu sur toute la France, les
guerres continuellement faites à toutes les puissances
de l'Europe, les persécutions auxquelles leurs sujets
furent livrés éloignèrent de notre territoire tous ceux
qui appelés par de sages lois auraient eu le désir de s'y
établir. Mais cette législation bienfaisante fut abolie

elle-même par le dernier gouvernement dans une disposition du Code civil... On substitua à la législation de l'Assemblée constituante un système de réciprocité qui en détruisit tous les effets et qui fut enfanté, j'ose le dire, par la plus fausse politique dont il fût possible d'écouter la voix. Je sais bien qu'au premier coup d'œil cette réciprocité paraît raisonnable ; mais que l'on veuille bien réfléchir sur ses effets et sur les véritables intérêts de notre politique et l'on cessera de le penser. Ce qu'il importe essentiellement à la prospérité de la France, c'est d'appeler dans son sein beaucoup d'étrangers, des hommes riches et industrieux, des capitalistes de tous les pays ; or, ce n'est pas en maintenant le droit d'aubaine qu'on peut atteindre ce but... Ces résultats, nous ne pouvons les attendre de nos négociations diplomatiques dont l'effet toujours incertain n'a de durée que celle que peut lui assigner une politique dirigée par les circonstances. Il faut une loi qui promette la stabilité à nos concessions ; car sans cette stabilité il n'est point de base à des spéculations raisonnables (1). »

Des idées analogues sont développées pas le comte de Clermont-Tonnerre dans son rapport à la Chambre des pairs : « Nous pensons, dit-il, que cette réciprocité serait inutile ou nuisible. Inutile, relativement aux Fran-

____

(1) Locré. — *Législation civile*, t. x. Chambre des pairs, séance du 26 janvier 1819.

çais favorisés par la fortune, car à coup sûr ils ne quitteraient pas un sol que tout le monde envie pour chercher d'autres climats et si nous ne voyons pas maintenant qu'ils le fassent pour des pays plus comblés des faveurs de la nature, ils ne le feraient pas sans doute pour des climats plus sévères. Nuisible, relativement aux Français pauvres, qui, lorsqu'ils se sont enrichis à l'aide de leur industrie rapportent en France les biens acquis sur le territoire étranger, biens qu'ils y laisseraient au contraire s'ils pouvaient en disposer à leur mort sans cesser d'être Français. Ainsi en dernière analyse, qu'est-ce que refuser l'abolition de l'aubaine sans la réciprocité, sinon se priver d'un bien que l'on peut se faire à soi-même uniquement parce que ceux aux dépens desquels on l'obtient ne veulent pas le procurer aux autres ? Remarquez d'ailleurs, Messieurs, que lorsque vous déciderez, par exemple qu'un Suédois sera déshérité en France, parce qu'un Français est déshérité en Suède, vous n'appliquerez pas même la peine du talion, vous ne vengez pas la victime. » (1)

Ces considérations furent assez puissantes pour vaincre les dernières résistances des partisans du Code civil et l'article 1$^{er}$ du projet fut voté abolissant définitivement les derniers vestiges du droit d'aubaine de l'ancien régime.

(1) LOCRÉ. — *Législation civile*, t. x. Chambre des pairs, séance du 30 janvier 1819.

Mais tout en voulant se montrer juste et généreux envers les étrangers en leur accordant la pleine capacité successorale, le législateur de la Restauration était en même temps préoccupé de sauvegarder les intérêts de nos nationaux. L'Assemblée Constituante, qui avait supprimé le droit d'aubaine dans un de ces élans de justice passionnée qui lui avait déjà fait accomplir de si merveilleuses réformes, avait tout donné sans compter.

Elle avait posé le principe de l'égalité des nationaux et des étrangers sans y apporter ni condition, ni restriction. Un tel désintéressement eût été inconcevable de la part du législateur de 1819.

Guidé surtout par des considérations de calcul politique, en donnant aux étrangers une situation égale à celle des Français en matière successorale, il devait s'assurer qu'en faisant cette concession il ne porterait pas préjudice par là même aux cohéritiers français. C'est de cette considération qu'est né l'art. 2 de la loi de 1819. Il peut arriver que des cohéritiers étrangers et des cohéritiers français soient appelés à prendre part à une même sucession ; si cette succession comprend des biens situés en France et d'autres biens situés en pays étranger et que sur cette dernière portion de la succession les cohéritiers français soient sacrifiés au profit des parents étrangers, il convenait de rétablir l'équilibre ainsi rompu en assurant une part plus grande aux héritiers français sur les biens de France. C'est ce que s'attachent à faire comprendre par des exemples le garde des sceaux d'abord, Boissy d'Anglas ensuite.

« Il pourra arriver, dit M. de Serres, qu'il y ait des cohéritiers français et étrangers ; que fera-t-on dans ce cas ? Suivra-t-on pour le partage la règle commune ? ou fera-t-on une règle particulière ? Si l'on se conforme au droit commun, il pourra y avoir préjudice pour l'héritier français. Par exemple, un étranger ayant un fils dans son pays et une fille mariée en France, avantagera son fils sur ses biens dans son pays, au delà de ce qui lui serait permis par la loi française et ce fils viendrait ensuite partager avec sa sœur sur les biens situés en France. Dans une successions collatérale un cohéritier étranger viendrait par représentation sur les biens de France et son cohéritier français ne pourrait user de la représentation sur les biens étrangers où la loi locale ne l'admettrait pas. » (1)

De son côté Boissy d'Anglas s'exprime ainsi : « La législation française va se trouver en contact avec les législations étrangères sur lesquelles vous ne pouvez rien et parmi les successeurs aux héritages des étrangers il peut se rencontrer des Français qui ont droit à votre protection particulière comme étant les enfants de la famille... Mais la question se complique et devient plus difficile à résoudre lorsque la succession de l'étranger est formée de biens dont une partie est située hors du

_____

(1) LOCRÉ — *Législation civile*, t. x. Chambre des pairs, séance du 4 mai 1819.

royaume et que les héritiers qui la réclament sont les uns des étrangers et les autres des Français. Il peut arriver alors que par l'effet des lois étrangères sur les successions tant collatérales que directes, même de celles contre les aubains qui y seraient maintenues, les Français fussent presque entièrement privés de ce que nos lois françaises leur accorderaient. C'est donc ici où l'autorité de notre législation doit intervenir et empêcher qu'en favorisant les étrangers, la loi dont il s'agit ne soit funeste à ceux pour l'intérêt desquels nous la discutons. » (1)

« Nous sommes équitables et justes, disait encore le garde des sceaux, en reconnaissant le droit de parenté dans les étrangers, mais nous ne le serons pas moins en établissant autant qu'il peut dépendre de nous l'égalité entre les héritiers étrangers et les héritiers français. Nous voulons favoriser les étrangers, mais pas au détriment de nos nationaux. » (2) Mais comment arriver à ce résultat puisque le législateur français ne peut avoir « aucune action sur les biens qui sont hors du royaume, ni exercer aucune influence sur la législation qui les régit ». (3) Le meilleur moyen est certainement « d'étendre notre législation propre sur les biens qu'elle

(1) Locré. — *Législation cicile*, t. x. Chambre des pairs, rapport de Boissy d'Anglas, séance du 22 mai 1819.

(2) Locré. — *Op. cit.*, t. x. Chambre des pairs, séance du 4 mai 1819.

(3) Locré. — *Op. cit.*, t. x; rapport Boissy d'Anglas, 22 mai 1819.

peut atteindre, et en les y soumettant d'une façon plus particulière remédier aux inconvénients qui résultent de la différence des principes et des autorités législatives. » (1) De cette façon, les cohéritiers français seront assurés d'obtenir tout ce qui leur est dû aux termes de la loi française, car « les biens qui seront en France seront pour eux un véritable gage sur lequel ils exerceront une sorte de privilège ». (2) De là le droit de prélèvement attribué aux Français sur les biens situés en France. Grâce à ce droit, les héritiers français prendront sur les biens de France « une portion égale à la valeur des biens situés en pays étrangers dont ils seront exclus » à quelque titre que ce soit, c'est à dire « par l'effet des lois et coutumes locales, que cette exclusion provienne du fait seul de la loi ou qu'elle résulte d'une disposition de l'homme autorisé par la loi ». (3)

Si le vote de cette article 2 a lieu, ce n'est pas sans soulever de graves objections. Plusieurs lui reprochent d'être en contradiction formelle avec l'article premier et de détruire par voie indirecte le principe posé par ce dernier. C'est notamment l'avis exprimé au cours de la discussion par le comte Cornudet, qui demande la suppression de cet article et son remplacement par une disposition dont l'unique objet est de « soumettre aux

(1) LOCRÉ. — *Loc. cit.*

(2) LOCRÉ. — *Législation civile.* t. x. Chambre des pairs, rapport de Boissy d'Anglas, séance du 22 mai 1819.

(3) LOCRÉ. — *Op. cit.,* t. x. Chambre des pairs, séance du 4 mai 1819 ; exposé des motifs du Garde des Sceaux.

tribunaux et aux lois françaises la liquidation et le jugement des droits auxquels l'étranger est admis par la loi projetée ». (1)

Le garde des sceaux devant la chambre des pairs et le baron Pasquier devant la chambre des députés s'efforcent de détruire la portée de ce reproche.

« Voyons, dit M. de Serres, s'il est nécessaire de supprimer la disposition actuelle du projet comme contraire au principe fondamental de la loi. Il eût été plus exact de dire qu'elle limite ce principe comme toute exception modifie la règle. Il ne s'agit plus dans cet article de la prérogative du fisc, mais de la concurrence de cohéritiers appelés au partage d'une même succession. Pourquoi, lorsqu'en vertu de l'art. 1er les étrangers doivent succéder de la même manière que les français, ne seraient-ils pas comme eux soumis à la loi naturelle de l'égalité des partages ? C'est à rétablir cette égalité dans le cas où elle serait détruite par l'effet des lois ou des coutumes étrangères que tend l'art. 2 du projet. » (2)

Le baron Pasquier s'exprime en des termes analogues : « On a cru, dit-il, apercevoir dans l'article (l'art. 2) une espèce de dérogation au principe de l'abolition du droit d'aubaine... Examinons s'il est vrai que le principe de l'abolition soit en effet blessé le moins du

(1) LOCRÉ. — *Législation civile*, t. x. Chambre des pairs, extrait du procès-verbal de la séance du 25 mai 1819.

(2) LOCRÉ. — *Op. cit.*, t. x. Chambre des pairs, séance du 25 mai 1819, extrait du procès-verbal de la séance.

uonde. Qu'a-t-on voulu par la loi proposée? Réparer une injustice, rendre aux étrangers des droits qu'on peut dire naturels, les traiter en France quand ils y sont propriétaires comme les Français eux-mêmes, leur faire partager enfin tous les bienfaits de la législation française. Tout cela doit être fait, mais sans sacrifier non plus les justes droits des Français. Pour réparer une injustice, il faudrait se garder d'en commettre une autre ; il ne faudrait pas, lorsque l'égalité des partages entre Français est le principe de notre législation, que cette égalité cessât lorsqu'un étranger se trouve avoir part à la succession. Il ne le faudrait pas surtout, lorsque nous avons entre les mains un moyen de l'empêcher, lorsque ce moyen est simple et facile. C'est celui qui se trouve développé dans l'art. 2 de la loi proposée. Que fait-il en effet ? Etablit-il au profit des Français quelques avantages au préjudice des étrangers ? non, sans doute ; il maintient seulement en leur faveur l'égalité de partage dans toute l'étendue que la loi peut lui donner. » (1)

Nous connaissons par ce très large aperçu les principales idées qui furent échangées et les discussions qui eurent lieu pour l'élaboration de la loi du 14 juillet 1819. Il nous sera plus aisé d'en faire maintenant l'étude approfondie en consacrant les deux dernières parties de cet ouvrage au commentaire de ses deux articles ainsi que nous l'avons annoncé dans notre introduction.

(1) Locré. — *Législation civile*, t. x. Chambre des députés, séance du 9 juin 1819.

# DEUXIÈME PARTIE

## DU PRINCIPE DE LA CAPACITÉ SUCCESSORALE DES ÉTRANGERS

Nous diviserons cette deuxième partie en trois chapitres :

Le chapitre premier aura pour objet la capacité successorale des étrangers en France, c'est-à-dire qu'il sera consacré à l'étude de l'art 1<sup>er</sup> de la loi du 14 juillet 1819.

Le chapitre II aura pour objet un rapide exposé des principales législations étrangères.

Enfin dans le chapitre III nous ferons connaître les traités les plus importants passés par la France avec les Etats étrangers.

---

## CHAPITRE PREMIER

DE LA CAPACITÉ SUCCESSORALE DES ÉTRANGERS EN FRANCE ; ÉTUDE DE L'ARTICLE PREMIER DE LA LOI DU 14 JUILLET 1819.

L'art. 1<sup>er</sup> de la loi du 14 juillet 1819 dont nous devons fournir le commentaire dans le chapitre premier est ainsi conçu :

Art. 1<sup>er</sup>. — « Les art. 726 et 912 du Code civil sont abrogés; en conséquence, les étrangers auront le droit de succéder, de disposer et de recevoir de la même manière que les Français dans toute l'étendue du royaume. »

Les termes de cette première disposition de la loi de 1819 paraissent tellement clairs qu'il semble qu'ils ne comportent aucune explication et qu'il suffit de les reproduire pour en faire connaître toute la portée pratique. Cela est vrai en ce qui concerne la jouissance du droit successoral des étrangers en France. Mais on sait que pour les différentes facultés reconnues par la loi, soit dans les relations de famille, soit dans le droit du patrimoine, une double question se pose toujours: d'abord la question de savoir si tel droit est accessible aux étrangers en France, c'est la question de la condition des étrangers ; puis cette première question étant résolue dans le sens de l'affirmative, se pose cet autre problème de droit international, souvent si délicat à résoudre : suivant quelle loi sera régi l'exercice du droit à la jouissance duquel l'étranger a été reconnu apte. C'est la question du conflit des lois.

Or, si la première question est aisément tranchée par les termes de l'art. 1er, la seconde a soulevé une difficulté sérieuse que nous aurons a élucider.

Au point de vue de la jouissance du droit successoral, la loi de 1819 établit l'égalité absolue des étrangers et des Français. Le principe nouveau est affirmé par deux fois dans le même article.

D'abord le législateur prononce l'abrogation formelle
de l'art. 726 du Code civil, qui établissait, nous l'avons
vu, l'incapacité pour les étrangers de recevoir par succession *ab intestat* et celle de l'art. 912 qui les frappait
de l'incapacité d'acquérir par succession testamentaire
et par donation entre vifs. Mais, pour éviter toute équivoque à cet égard ou pour marquer sa volonté d'une
façon plus énergique, le législateur croit devoir tirer lui-
même les conséquences qui se déduisent de cette abrogation, en ajoutant que désormais les étrangers auront
le droit de succéder, de disposer et de recevoir comme
les Français.

Peut-être eût-il été préférable que les rédacteurs de
la loi s'en fussent tenus à la seule formule de l'abrogation des articles 726 et 912 dont ils voulaient faire disparaître l'application. Ils auraient ainsi évité une erreur
historique dans la teneur de l'art. 1er. Cet article fait en
effet dépendre de ses dispositions la faculté pour l'étranger de *disposer* de ses biens. Or, nous l'avons démontré,
sous l'empire du Code civil, l'étranger avait, en théorie
tout au moins, la capacité de transmettre ses biens soit
par succession, soit par testament, soit par donation.
La loi de 1819 n'avait donc pas à lui conférer la jouissance d'un droit qu'il n'avait jamais cessé de posséder
depuis la Révolution.

C'est à ce même ordre d'idées qu'il convient de ratta-
cher une autre critique d'expression relative à la rubrique de la loi de 1819. Cette rubrique porte : « loi du

14 juillet 1819 relative à l'abolition du droit d'aubaine et de rétraction. » Elle est inexacte pour la même raison que nous avons fait connaître tout à l'heure. Les droits d'aubaine et de détraction avaient été supprimés par l'Assemblée Constituante et n'avaient pas été remis en vigueur en 1804. Il n'y avait donc pas lieu d'en prononcer l'abrogation pour l'avenir.

Nous croyons devoir faire ces remarques pour échapper au reproche de n'être pas complet, mais sans y attacher aucune importance. D'une part, en effet, nous avons essayé de l'établir plus haut, si les rédacteurs du Code n'avaient pas enlevé à l'étranger le droit de disposer de ses biens, les dispositions restrictives qui l'atteignaient quant au droit de recevoir produisaient fatalement ce résultat de limiter considérablement l'exercice du droit de disposer. En sorte qu'il n'était peut-être pas inutile d'affirmer sur ce point l'établissement d'une règle tout à fait différente dans le corps même de l'art. 1er. D'autre part, si l'expression « droit d'aubaine », dans son sens strict, visait uniquement l'incapacité de transmettre et le droit fiscal qui en résultait pour le trésor royal, on l'employait bien souvent aussi dans une acception plus large en y comprenant l'incapacité de recueillir. Ce qui fait que la suppression de cette dernière pouvait, sans grande inexactitude de langage, être qualifiée conformément aux termes de la rubrique qu'on a toujours coutume de critiquer à l'École.

Quoiqu'il en soit, une solution certaine se dégage de

notre art. 1ᵉʳ ; c'est l'affranchissement définitif des étrangers en France en matière successorale. Par ce texte l'œuvre de l'Assemblée Constituante est rétablie ; le régime d'incapacité, mitigé par la règle de la réciprocité diplomatique, imaginé par le Code civil est aboli. La capacité entière de disposer et de recevoir appartient désormais sans condition aux étrangers comme aux Français.

Il faut approuver et honorer hautement cette réforme. En l'accomplissant, le gouvernement de la Restauration a fait à la fois une œuvre de saine justice, un acte d'une grande portée juridique et a adopté une ligne de conduite conforme aux intérêts économiques bien compris du pays.

Un acte de justice en faisant disparaître un dernier vestige de la barbarie du Moyen-Age, un reste de l'ancien servage dont le maintien aboutissait bien souvent à ce résultat inique d'opérer la spoliation des étrangers au profit de notre fisc.

Un acte de logique et d'une grande portée juridique en supprimant cette contradiction choquante dans notre législation, que l'étranger qui pouvait être propriétaire en France ne pouvait pas disposer en faveur d'un autre étranger déclaré incapable de recevoir, et que par conséquent pouvant se marier, il ne pouvait pas assurer en mourant la transmission de ses biens à ses propres enfants.

Enfin la politique libérale inaugurée par la loi de 1819

dans les rapports internationaux était bien la plus conforme aux intérêts économiques de la France. Pour attirer les étrangers et leurs capitaux dans le pays et pour les déterminer à s'y fixer d'une façon durable et profitable, il fallait leur faire de larges concessions au point de vue de l'exercice de leurs droits sur notre territoire et imprimer à ces concessions un caractère de stabilité qui fût de nature à écarter toute crainte de revirement hostile.

C'est avec raison que le législateur a abandonné le régime de la réciprocité diplomatique qu'avait organisé le Code civil. Basé sur des traités qui sont de véritables contrats, ce système paraît bien offrir la garantie de fixité qui résulte de ces derniers. Le traité ne lie que les parties contractantes et aussi longtemps qu'elles l'ont stipulé ; il permet de ne pas donner plus qu'on ne reçoit soi-même, d'établir entre les parties un véritable « *do ut des* ». Mais, comme il est annulé par l'état de guerre et qu'il peut disparaître par l'effet de la dénonciation à la fin de la période pour laquelle il a été conclu, il procure à l'étranger une sécurité insuffisante pour l'avenir. De plus, la réciprocité diplomatique aboutit à ce résultat choquant et antijuridique d'établir la plus grande diversité dans la condition des étrangers suivant les relations réciproques d'amitié, d'indifférence ou d'hostilité qui existeront entre la France et tel ou tel pays. C'est là un résultat contraire à cette règle essentielle établie par la science du droit international que tout ce qui touche à la jouissance des droits privés au regard des étrangers doit être régi par des principes fixes de justice et d'équité. (1)

On évite ces inconvénients en déterminant par la loi même, la situation des étrangers. Elle pose en effet des règles ayant une portée générale et s'appliquant uniformément à tous les étrangers sans distinction de nationalité. Il faut ajouter que le régime de la loi permet à notre gouvernement de ne pas s'engager pour l'avenir ; il se réserve au contraire toute sa liberté d'action. N'étant pas obligé de subordonner ses propres concessions à celles que feront à ses nationaux les Etats étrangers, il lui sera loisible de prendre à tout instant les mesures qui lui paraîtront les plus propres à attirer, à retenir et à protéger les sujets des autres Etats.

Quant à la réciprocité de fait ou législative, elle soulève les mêmes critiques que la réciprocité diplomatique et elle a en outre cet inconvénient très grave de ne donner à nos nationaux à l'étranger aucune sécurité, exposés qu'ils sont à voir leur condition modifiée par un simple remaniement de législation. De plus, inconvénient non moins grave dans la pratique, elle condamne notre jurisprudence à se plier à toutes les fluctuations des lois étrangères.

Pour toutes ces raisons, on doit approuver sans réserve

______

(1) DESPAGNET. — *Cours de droit internat. privé*, n° 54 (édition 1891).

ce principe de justice formulé par l'art. 1ᵉʳ de la loi de 1819 : admission des étrangers à succéder en France et suppression de la double condition de réciprocité de cohéritier à cohéritier.

Telle est donc désormais la condition des étrangers en France au point de vue de la capacité successorale. Sur ce premier point le commentaire de l'art. 1ᵉʳ ne présente aucune difficulté et ne laisse place à aucun doute possible.

Il en est tout autrement d'une autre question qui se rattache de très près à celle-là, mais avec laquelle cependant il importe bien de ne pas la confondre, la question du conflit des lois en matière successorale. Etant donné que les étrangers sont aptes à succéder lorsqu'ils seront appelés à une succession ouverte en France, déterminera-t-on l'existence et l'étendue de leurs droits héréditaires d'après la loi française ou d'après la loi étrangère ?

L'opinion a été soutenue que l'art. 1ᵉʳ de la loi de 1819 avait tranché la question du conflit des lois en matière successorale, dans le sens de l'application constante de la loi française. A l'appui de cette interprétation on a invoqué les termes suivants de notre article. « Les étrangers auront le droit de succéder....... de la *même manière* que les Français dans toute l'étendue du royaume. » C'est principalement dans des décisions de jurisprudence que nous avons rencontré l'indication de cette solution.

Nous la trouvons d'abord dans un arrêt rendu par la chambre des requêtes, le 21 juillet 1851. L'affaire était la suivante : un sieur Jean-Claude Gurcel, négociant à Arles, avait épousé en 1842 la fille du sieur Nachury, commerçant dans la même ville. De ce mariage naquit à Annecy, en Savoie, en 1845, un fils, Joseph Gurcel ; puis successivement moururent à Annecy, la dame Gurcel en 1848, puis le fils Gurcel en 1849. Le sieur Gurcel père éleva alors la prétention de recueillir la succession de son fils, sans avoir à subir le concours du grand-père maternel du défunt, le sieur Nachury ; la dite succession ne se composait que de créances contre ce dernier. Cette prétention fut écartée successivement par le tribunal de Tarascon, par la cour d'Aix et par la chambre des requêtes. La chambre des requêtes déclare qu'alors même qu'il serait démontré que l'appelant est savoisien, comme il le soutient dans ses conclusions, il n'y aurait pas lieu de faire droit à ses prétentions : « Attendu... que la loi du 14 juillet 1819, en abrogeant l'art. 726 qui n'admettait les étrangers à succéder à leurs parents français que sous la condition de réciprocité n'a pas créé une capacité exceptionnelle au profit des étrangers et au préjudice des Français, qu'elle n'a eu d'autre but que de donner aux étrangers une capacité semblable à celle des Français pour succéder à leurs parents français ; qu'il suit de là que l'arrêt attaqué, en décidant que Gurcel, même considéré comme étranger, ne pouvait en sa qualité de père du défunt, exclure de la succession l'aïeul maternel français appelé à recueillir une partie des biens conformément à la loi française n'a fait qu'une juste application des principes posés par la loi de 1819. » (1)

La même interprétation apparaît dans deux des décisions auxquelles a donné lieu la fameuse affaire Forgo qui a défrayé si longtemps la presse judiciaire et les revues de droit international. Un sieur François-Xavier Forgo était un Bavarois, enfant naturel reconnu, décédé à Pau le 16 juillet 1869. Il était établi en France depuis l'âge de cinq ans, mais il n'était pas pourvu de l'autorisation du gouvernement français de fixer son domicile en France ; enfin la succession qu'il laissait était purement mobilière et il ne laissait que des oncles et des tantes naturels. Si on appliquait la loi française la succession tombait en déshérence et le fisc avait le droit de s'en emparer. Au contraire, si on donnait la préférence à la loi bavaroise, les oncles et les tantes naturels du défunt héritaient. L'affaire fut l'objet de nombreuses décisions judicaires ; en définitive les prétentions des cohéritiers furent rejetées à la suite d'un arrêt solennel de la Cour régulatrice du 24 juin 1878, confirmé par un arrêt de la cour de Toulouse jugeant sur renvoi de la Cour suprême. Or dans les considérants de la Cour de cassation il est dit ceci : « Attendu que la loi du 14 juillet 1819, qui admet les étrangers à succéder en

_______

(1) Cass., 21 juillet 1851. S. 51. 1. 685 ; D. 51. 1. 266.

France, ne crée pas à leur profit une capacité spéciale
et exceptionnelle, mais qu'elle les admet à succéder de
la même manière que les Français, dans les limites et
suivant les conditions déterminées par la loi française... » (1) Reproduisant à peu près dans les
mêmes termes, le même argument, la cour de Toulouse
déclare : « que la loi de 1819 assimile les étrangers aux
Français, mais ne crée pas à leur profit une vocation
héréditaire spéciale et exceptionnelle ; que les collatéraux d'un enfant naturel ne sont pas compris parmi les
successibles reconnus par la loi française ; qu'on ne
peut admettre que la loi civile après avoir réglé la
situation successorale des héritiers de l'enfant naturel
ait voulu reconnaître à des étrangers des vocations héréditaires différentes et qu'elle ait consenti à recueillir
comme héritiers dans l'étendue du territoire les étrangers auxquels on refuserait la qualité de successibles
s'ils étaient français ; qu'elle les admet seulement à
succéder de la même manière que les Français dans
les limites de la vocation héréditaire qui est reconnue
par la loi française. » (2)

Cette interprétation nous paraît tout à fait abusive.
La loi de 1819 n'a pas eu pour but de régler le conflit
des lois en matière successorale. Son objet unique est
de trancher sur un point particulier, la capacité suc-

(1) Cass., 24 juin 1878. S. 1878. 1. 429.
(2) Toulouse, 22 mai 1880. S. 1880. 2. 294. CLUNET, *J. du dr.
int. privé*, 1881, p. 61 et s.

cessoralé, la condition des étrangers en France. Cela résulte de la rubrique de la loi dont nous avons parlé plus haut, qui montre que l'unique préoccupation du législateur était de faire disparaître un des derniers vestiges de l'ancienne législation de l'aubaine, rétabli à tort par le Code civil. Ce qui prouve d'ailleurs péremptoirement le mal fondé de l'opinion contraire, c'est que les dispositions de la loi de 1819 ont été votées en vue de remplacer dans notre législation les art. 726 et 912 C. civ. Or on n'a jamais pu prétendre que ces deux articles fussent relatifs au conflit des lois.

Au surplus, l'étude approfondie que nous avons faite des travaux préparatoires nous confirme dans cette manière de voir. Dans aucun des documents qui ont trait à l'élaboration de notre loi, ni dans l'exposé des motifs du gouvernement, ni dans les rapports faits devant les deux chambres, pas plus que dans les discussions orales qui eurent lieu en séance publique, il n'a été question du conflit des lois. Il est vrai que dans plusieurs discours on trouve exprimée cette opinion que la succession des étrangers est régie en France par la loi française. Mais il faut bien prendre garde de donner à cette opinion une portée et un sens qu'elle n'avait pas dans l'esprit de ses auteurs. Les orateurs qui tenaient un pareil langage avaient en vue seulement les immeubles situés en France, qui, encore à cette époque, formaient la portion la plus importante de la fortune des particuliers. En énonçant cette solution, ces orateurs n'avaient nullement la prétention d'innover: ils en empruntaient les éléments aux dispositions de l'art. 3 du Code civil. Pour s'en convaincre, il suffit de lire ce passage de l'exposé des motifs du garde des sceaux à la Chambre des pairs : « Le droit commun est qu'on ne peut disposer des biens qu'on a dans ce pays que conformément aux lois qui régissent cette disposition. Ainsi un étranger propriétaire en France ne pourra tester sur ses biens de France, que de la portion disponible d'après la loi française; et s'il meurt intestat, sa succession en France sera partagée d'après les lois françaises. On suivra dans les deux cas ce qui se pratiquait entre Français quand nous avions des coutumes diverses ; chaque *bien immeuble* étant régi par la loi de la situation. » (1)

Le rapport de Boissy d'Anglas n'est pas moins probant. « Il résulte, dit-il, des lois de toutes les nations que tout ce qui appartient à la succession des biens vacants doit être réglé d'après la loi du lieu où ils se trouvent. Ainsi nul doute ne se rencontre lorsque des biens formant la succession d'un étranger se trouveront en France ; ils seront distribués aux héritiers de l'étranger conformément aux lois françaises, et cela résulte expressément des dispositions de notre code. » (2)

(1) Locré. — *Législation civile*, t. x, p. 501. Chambre des pairs : exposé des motifs du Garde des Sceaux, séance du 4 mai 1819.

(2) Locré. — *Op. cit.*, t. x. Chambre des pairs, séance du 22 mai 1819.

Dans ce passage du rapport de Boissy d'Anglas, il n'est pas question expressément des immeubles, mais certainement c'est à eux seuls qu'il est fait allusion ; car la disposition du Code à laquelle il est renvoyé est l'art. 3 al. 2 qui ne fait pas mention des autres catégories de biens.

D'ailleurs avec l'interprétation contraire de l'art. 1er, on arriverait à des conséquences inadmissibles. On serait obligé de décider notamment qu'en ce qui concerne la capacité de disposer par testament, d'accepter ou de répudier la succession, c'est la loi française qui régit les étrangers, solution absolument insoutenable.

A notre avis, donc, l'art. 1er de la loi de 1819 a pour unique effet de conférer aux étrangers la jouissance active et passive du droit successoral. C'est ce qui explique qu'il dit : « Les étrangers *auront le droit...* » S'il avait voulu déclarer que les successions étrangères seraient toujours dévolues d'après la loi française, le législateur aurait employé un autre langage ; il aurait dit, par exemple : « *les étrangers exerceront...* »

Quant aux expressions « de la même manière que les Français » qui ont soulevé dans notre art. 1er la controverse que nous exposons en ce moment, elles signifient tout simplement que les étrangers ne seront plus frappés d'incapacité pour cause d'extranéité et qu'en matière successorale c'est le principe d'égalité qui est posé pour l'avenir. (1)

(1) V. ROLIN. — *Principes du dr. int. pr.*, t. I, p. 697. — LAINÉ, *Revue prat. de dr. int. pr.*, 1890-91, I, 297.

C'est par d'autres principes et en vertu d'autres dispositions du Code que la question du conflit des lois en matière de succession doit être tranchée.

Il ne nous appartient pas de les faire connaître, puisque, nous venons de l'établir, ce problème est étranger à la loi dont nous devons donner le commentaire.

# CHAPITRE II



On peut classer les législations étrangères en quatre groupes :

1° Les unes accordent aux étrangers la capacité successorale pleine et entière, comme l'art. 1er de la loi de 1819 ;

2° Les autres subordonnent la jouissance du droit de succéder à la condition de la réciprocité législative ou de fait ;

3° D'autres ne concèdent le droit de succéder, aux étrangers, que sous la réserve de la réciprocité diplomatique comme les anciens art. 726 et 912. C. civ. ;

4° Quelques-unes, enfin, de plus en plus rares, leur refusent, comme notre ancienne législation, le droit de succéder.

Rentrent dans le premier groupe : la Belgique, la Hollande, l'Italie, l'Angleterre, l'Espagne, le Portugal, le Danemark, la Russie, la Roumanie, certains cantons de la Suisse, les Etats-Unis, le Chili, la République Argentine et dans une certaine mesure la Norvège.

Le second groupe comprend : l'Allemagne, la

Bavière, la Prusse, l'Autriche, certaines contrées de la Suisse, la Suède, la principauté de Monaco et la Serbie.

Au troisième groupe appartiennent certains cantons de la Suisse, le grand duché de Luxembourg, la Pologne, la Louisiane et la Bolivie.

Dans le quatrième groupe rentrent certains Etats de la République des Etats-Unis et la Turquie.

Nous allons passer en revue la législation de ces différents Etats et en faire connaître rapidement les dispositions.

Premier groupe. — La législation belge a passé par trois phases successives. Tout d'abord, comme en France, la capacité successorale des étrangers fut subordonnée à la règle de la réciprocité diplomatique en vertu des art. 726 et 912 de notre Code civil qui est en vigueur en Belgique. La loi du 20 mai 1837 substitua la réciprocité législative à la réciprocité diplomatique. Enfin une loi du 27 avril 1865 réalisant la même réforme que notre loi de 1819, a proclamé l'égalité de traitement des nationaux et des étrangers au point de vue de la jouissance du droit successoral.

En Hollande (1), le Code civil néerlandais, subissant l'influence du Code civil français, avait subordonné l'ad-

---

(1) Le Code civil hollandais a un art. 9 qui porte : « Le droit civil du royaume est le même pour les étrangers que pour les Néerlandais toutes les fois que la loi n'a pas expressément établi le contraire. » — V. ASSER, *Revue de droit international*, année 1869, p. 629.

mission des étrangers au droit successoral à la condition de la réciprocité diplomatique dans ses art. 884 et 957. La loi du 7 avril 1869 a réalisé une réforme plus libérale en attribuant aux étrangers une capacité pleine et entière sur ce point.

En Italie, tant que l'unité politique n'exista pas, la plus grande diversité ne cessa de régner dans la condition des étrangers en matière successorale. A Naples, la politique la plus libérale fut toujours suivie vis-à-vis des étrangers ; jamais le droit d'aubaine ne fut observé ; les étrangers succédaient dans les mêmes conditions que les nationaux, avec cette seule restriction qu'ils étaient tenus de payer un impôt connu sous le nom de « gabella hereditaria ». Au contraire, à Milan, les étrangers ne pouvaient succéder, système assez logique, en somme, dans sa rigueur excessive, dans une législation qui refusait d'admettre les étrangers, même à l'usufruit des terres.

Dans les autres parties de l'Italie, c'est le régime de la réciprocité législative qui s'appliquait. Ainsi dans le duché de Lucques le décret du 28 novembre 1818, art. 53, porte : « Les étrangers appartenant à un Etat dans lequel les sujets de l'Etat de Lucques ne sont pas exclus de la succession, sont admis à succéder dans l'Etat de Lucques de la même manière que succèdent les sujets lucquois ».

Dans les Etats-Pontificaux, aux termes d'une loi du 1er janvier 1835, titre II, art. 8 : « Les étrangers sont capables de succéder à l'hérédité testamentaire ou *ab intestat* ou d'acquérir dans l'Etat-Pontifical, si d'après les lois en vigueur dans les pays étrangers, les sujets pontificaux sont capables de succéder et d'acquérir, sauf les conventions diplomatiques et les traités. »

On rencontrait des dispositions analogues dans le royaume de Sardaigne (art. 702 du Code de Charles Albert), dans les duchés de Parme et de Plaisance ainsi que dans le duché de Toscane (1).

Le nouveau Code civil qui a réalisé en Italie l'unité législative consacre l'assimilation complète des étrangers et des nationaux au point de vue de la jouissance des droits civils, dans son art. 3 ainsi conçu : « L'étranger est admis à jouir des droits civils attribués aux citoyens. »

L'Angleterre, jusqu'à une époque récente a eu une législation très rigoureuse pour les étrangers. Cela tient aux origines de cette législation qui remontent au Moyen-Age et à son caractère qui est demeuré féodal. Or dans le droit de la féodalité l'étranger se trouvant en dehors du groupement féodal ne possède aucun droit. Plus malheureux qu'en France où l'aubain, s'il mourait serf, vivait au moins libre, en Angleterre, de son vivant même, l'étranger était dans la même condition qu'un esclave. En 1843 on voulut apporter un tempérament à cette situation. Le parlement anglais reconnut aux étrangers

_______

(1) CLUNET. — *J. du droit int. privé*, 1879, 331.

le droit de propriété en matière mobilière ; mais il leur refusa la capacité d'acquérir des immeubles. Dès lors il ne pouvait être question pour l'étranger du droit de transmettre sa succession à ses héritiers. Il n'avait pas davantage la capacité de succéder parce que, disait-on, le sang héritable lui manquait. C'était en somme le régime du droit d'aubaine ; c'était même un régime plus rigoureux encore puisque les étrangers ne pouvaient en être relevés même par traités, un traité ne pouvant conférer à un étranger le droit d'acquérir la moindre parcelle du sol anglais.

Cependant, il existait un moyen pour l'étranger d'être relevé de cette condition d'une rigueur excessive, en obtenant le bénéfice de la « Denization. » Cette faveur concédée par le gouvernement dans des conditions analogues à notre admission à domicile, avait pour effet de supprimer à l'égard de l'étranger la plupart des déchéances qui le frappaient. L'étranger « denizen » pouvait être propriétaire d'un immeuble, il pouvait acquérir par achat, par don ou par legs ; mais il restait toujours incapable de succéder, parce que son père étant étranger ne lui avait pas transmis de sang héritable. A sa mort il pouvait transmettre la propriété de ses immeubles aux enfants nés après la « Denization » seulement, à l'exclusion de ceux qui étaient nés auparavant. (1)

(1) LE BARON. — *Code des étrangers*, p. 63 et suiv. — BERTRAND, *Bulletin de législation comparée*, 1871, p. 13.

Cette législation si rigoureuse pour les étrangers a pris fin par le statut de la reine Victoria du 12 mai 1870, dont l'article 2 est ainsi conçu : « L'étranger est assimilé aux citoyens britanniques de naissance pour tout ce qui concerne la possession, jouissance, acquisition ou transmission par tous les modes légaux, de la propriété immobilière et mobilière. » Par là l'étranger se trouve relevé des incapacités qui le frappaient en matière successorale. Mais il convient de noter, d'une part, que le bénéfice du statut de 1870 ne peut être invoqué que par l'étranger ami et résidant ; et d'autre part, qu'il ne s'étend pas au territoire des colonies anglaises.

En Espagne, la législation a toujours été très favorable aux étrangers. Il ne paraît pas que le droit d'aubaine y ait jamais fonctionné. Aujourd'hui, sauf de rares exceptions, les étrangers sont traités comme les nationaux.

L'article 27 du Code civil porte : « Les étrangers jouissent en Espagne des droits que les lois civiles accordent aux Espagnols, sauf ce qui est dit à l'article 2 de la constitution de l'Etat et dans les traités internationaux. » Les étrangers ont donc pleine capacité pour transmettre et recueillir des biens par voie de succession. (1)

Le Portugal a une législation très libérale à l'égard des étrangers. Elle leur reconnaît les mêmes droits civils qu'aux nationaux ; ils ne sont donc frappés d'aucune

_______________

(1) V. *Code civil espagnol*, traduit par Levé, 1890.

incapacité, soit pour transmettre leur succession, soit pour succéder. (1)

Nous rencontrons une législation identique en Danemark; les étrangers sont assimilés aux nationaux en matière successorale, comme pour la jouissance de tous les autres droits civils. (2)

La législation russe a toujours été très favorable aux étrangers ; le droit d'aubaine n'a jamais été pratiqué en Russie qu'à titre de représailles ; le droit de détraction a bien été usité pendant quelque temps, mais un ukase du 2 juin 1823 en a dispensé les sujets des autres puissances qui ne l'appliquent pas aux Russes qui séjournent sur leur territoire. Aujourd'hui les étrangers ont pleine capacité pour succéder et pour transmettre leurs biens par décès. Cependant dans certaines parties de l'empire russe la capacité d'acquérir est enlevée aux étrangers pour éviter des accaparements de territoire au détriment de l'élément russe. Aux termes d'un ukase promulgué en 1887, dans les dix gouvernements du royaume de Pologne, dans ceux de Bessarabie, Vilna, Vitebsk, Volhynie, Grodno, Kiev, Kovno, Courlande, Livonie, Minsk et Podolie, les sujets étrangers ne peuvent, d'aucune manière acquérir à l'avenir des droits de propriété ou de jouissance sur des immeubles situés en dehors,

(2) CLUNET. — *J. du Dr. int. pr.*, 1888, p. 353.
(1) ANTHOINE DE SAINT-JOSEPH. — *Concordance des Codes étrangers avec le Code Napoléon*, t. II, p. 136. 2ᵉ col. et p. 147, 1ʳᵉ col.

des ports et des villes. La succession légale en ligne directe et entre époux continue à être admise en ce qui concerne les biens situés en dehors des ports et des villes, et ayant appartenu à des étrangers décédés, si l'héritier s'est établi en Russie avant la promulgation de l'ukase contenant les nouvelles prescriptions. Dans tous les autres cas de succession légale et en cas de succession par testament, l'étranger qui héritera sera obligé de vendre ses droits de propriété à un sujet russe dans le délai de trois ans à partir du moment où il les aura acquis. Si la vente n'a pas lieu dans ce délai, les biens seront vendus aux enchères par autorité de justice et la somme sera remise à l'héritier. (1)

Par cette disposition, les intérêts politiques de l'empire russe sont sauvegardés sans faire subir aux étrangers de spoliations iniques comme celles qui résultaient de l'ancien droit d'aubaine.

Le même esprit de large hospitalité à l'égard des étrangers se trouve dans la législation du royaume de Roumanie. Le Code civil promulgé le 1ᵉʳ décembre 1865 déclare dans son art. 14 que « les étrangers ont les mêmes droits civils que les Roumains ». Cette solution a été consacrée solennellement par la constitution du 30 juin 1866 dans son art. 11 : « Tous les étrangers qui se trouvent sur le sol de la Roumanie, porte cet article, jouissent de la protection que les lois accordent aux personnes et aux biens en général. »

_________

(1) LEHR. — *Eléments de droit civil russe*, p. 398.

Il résulte très nettement de ces textes, l'assimilation à tous égards de l'étranger et du national, pour la jouissance des droits civils. Mais depuis qu'ils ont été mis en vigueur est intervenue une loi du 13 octobre 1879 revisant la constitution du 30 juin 1866. Or, on lit dans l'art. 755 de cette loi : « Les Roumains de naissance ou naturalisés, peuvent seuls acquérir des immeubles ruraux en Roumanie. Les droits acquis seront respectés. Les conventions internationales déjà existantes restent en vigueur avec toutes leurs clauses et jusqu'à l'expiration de leur durée. » L'interprétation de cette disposition a soulevé des controverses très vives entre les jurisconsultes roumains sur le point de savoir si cet art. 755 interdit aux étrangers l'acquisition des immeubles par succession. Les avis sont partagés ; mais l'opinion qui tend à prévaloir dans la doctrine c'est que les étrangers ne sont frappés d'aucune incapacité en matière successorale ; l'art 755 concernerait seulement les acquisitions entre vifs et à titre onéreux. (1)

Dans certains cantons suisses, la capacité successorale des étrangers est la conséquence de la concession qui leur est faite de la jouissance de tous les droit civils comme aux nationaux. Il en est ainsi dans le canton de Lucerne en vertu de l'art. 24 de son Code civil et dans le

---

(1) V. dans ce sens Missir, *Le droit de succession des étrangers aux immeubles situés en Roumanie.* — Clunet, *J. du dr. int. privé,* 1887, p. 562. En sens contraire Zénide, *Annales de l'Ecole libre des sciences politiques,* 1888, p. 602.

canton de Neufchâtel en vertu de l'art. 8 de son Code civil (1). Dans le canton de Zurich la capacité de succéder et de transmettre par succession est reconnue aux étrangers d'une façon directe. (2).

Aux Etats-Unis, la législation est imprégnée du même esprit féodal que le droit anglais. C'est une conséquence de leur commune origine. La tradition historique a été plus forte que la révolution et que les habitudes nouvelles prises par les colonies américaines depuis leur émancipation. Conformément aux données du régime féodal, l'Etat est censé conserver un domaine éminent ou direct sur les terres, le particulier n'en acquiert que le domaine utile. Il en résultait que l'étranger qui était placé en dehors du lien de vassalité de l'Etat ne pouvait avoir aucun droit et se trouvait dans une condition d'incapacité absolue tant en matière successorale que pour la jouissance des autres droits civils. Une pareille législation n'était guère conciliable avec les intérêts économiques de la grande république qui devait avoir à tâche d'attirer les étrangers sur son territoire en leur faisant les concessions les plus larges, plutôt que de les éloigner par des mesures de rigueur. C'est ce qu'ont compris les législations d'un grand nombre d'Etats de la république. En conséquence elles sont entrées résolument dans la voie des réformes libérales et elles ont

(1) ANTHOINE DE SAINT-JOSEPH. — *Op. cit.*, t. IV, p. 210 et p. 465.
(2) LEHR. — *Le Code civil du canton de Zurich*, p. 4.

aboli les incapacités dont l'étranger était frappé au point de vue des successions. Il en fut ainsi dans l'Etat de New-York. Un acte du 20 mars 1872 fut rendu pour faire disparaître les traces d'une législation très sévère pour les étrangers. L'art. 1ᵉʳ porte : « Les enfants légitimes d'une femme américaine ou leurs descendants hériteront des biens immeubles qu'elle posséderait dans l'Etat de New-York ou qu'elle pourrait acquérir par succession ou autrement, malgré son mariage avec un étranger et sa résidence hors du territoire de l'Union, comme s'ils jouissaient eux-mêmes de la qualité de citoyens américains. Le droit de propriété de la femme américaine n'est en rien modifié par suite d'un mariage avec un étranger non plus que celui de ses enfants ou descendants sur les immeubles qui leur arriveraient par succession ou autrement, en raison de leur extranéité. » (1)

Des dispositions analogues ont été édictées dans les Etats suivants : Maine, Massachusets, New-Jersey, Ohio, Minnesota, Nebraska, Wisconsin, Kansas, Michigan, Illinois, Orégon, Géorgie, Floride, Colorado, Colombie, Rhode-Island.

Dans les Etats de Californie, du Texas, du Tennesée et de l'Indiana, l'étranger même non résidant peut hériter d'un immeuble, mais à la condition de le vendre dans un certain délai ; passé ce délai, s'il a conservé l'immeuble

_______

(1) Annuaire de législation étrangère, 1873, p. 840.

en sa possession, il est vendu par autorité de justice pour son compte.

La législation du Chili ne fait aucune différence entre les nationaux et les étrangers au point de vue de l'acquisition ou de la jouissance des droits civils (art. 57, C. civ.). Les étrangers sont appelés aux successions ab intestat qui s'ouvrent au Chili de la même manière et suivant les mêmes règles que les Chiliens (art. 997, C. civ.) sans aucune condition, ni de résidence, ni de réciprocité. (1)

Les mêmes règles sont suivies dans la République Argentine aux termes de l'art. 26 de la constitution de 1860. Antérieurement les étrangers étaient traités avec grande faveur ; mais aucune règle précise ne déterminait leur condition juridique. La constitution de 1860 a fait cesser toute incertitude en décidant dans l'art. 26 que les étrangers peuvent posséder des immeubles, succéder à leurs parents et transmettre leurs biens à leurs héritiers. (2)

En Norvège c'est la règle de la réciprocité pure et simple qui s'appliquait jusqu'à une époque récente. Mais la loi du 21 avril 1888 accorde désormais aux étrangers la jouissance des droits privés, sans aucune restriction en principe. Cependant elle les exclut rigou-

---

(1) CLUNET. — *J. du droit int. privé*, 1887, p. 293 et suiv.

(2) CLUNET. — *J. du droit. int. privé*, 1886, p. 287, article de M. Daireaux; condition légale des étrangers dans la République Argentine.

reusement de l'acquisition des immeubles sur toute l'é-
tendue du territoire norvégien. Cette dernière règle,
limite considérablement la capacité successorale des
étrangers. Capables en principe de transmettre et de
recueillir par succession, ils ne peuvent prétendre aucun droit aux immeubles compris dans la succession
à laquelle ils sont appelés (1).

Deuxième groupe. — En Allemagne, à une époque
où dans toute l'Europe, la condition des étrangers était
des plus précaires, une constitution fameuse fut promulguée par l'empereur Frédéric II de Souabe pour
leur accorder la jouissance du droit successoral. Mais
dans la pratique cette législation ne fut guère observée
et en fait les seigneurs continuèrent à exercer une sorte
de droit de détraction sous le nom de « abschuss » ou
« abzug ». Au xviie siècle, dans les traités qui furent
conclus entre la France et l'Allemagne pour la suppression du droit d'aubaine, réserve fut toujours faite
pour le maintien de l' « abschuss ».

De nos jours, l'Allemagne a été, jusqu'à ces derniers
temps, sous l'empire, soit de la législation des différents États allemands, soit du droit commun allemand
à défaut de toute autre législation civile. Actuellement,
le droit allemand s'est unifié, grâce au nouveau Code
civil promulgué le 18 août 1896 et entré en vigueur le
1er janvier 1900. Ce Code reconnaît, en principe, aux

_______________

(1) *Annuaire de législation comparée*, 1889, p. 759 et suiv.

étrangers comme aux nationaux la jouissance des droits
privés : les étrangers ont donc pleine capacité successorale. Toutefois, ce principe peut recevoir des restrictions. En premier lieu, aux termes de l'art 31 de la loi
d'introduction au dit Code civil « avec l'assentiment du
conseil fédéral, il peut être décidé par ordonnance du
Chancelier de l'Empire, que contre un Etat étranger,
ses sujets et leurs successeurs juridiques, on fera usage
d'un droit de rétorsion. » (1) Cette disposition qui permet
d'écarter l'étranger dont la loi personnelle refuse la
capacité successorale entière aux étrangers, aboutit en
somme au régime de la réciprocité de fait. En second
lieu, cette même loi d'introduction au Code civil, après
avoir déclaré dans son art. 55 que « les dispositions des
lois des Etats confédérés ayant trait au droit privé sont
abrogées, à moins de dispositions contraires du Code
civil ou de la présente loi » (2) dit dans son art. 88 :
« Il n'est pas dérogé aux lois des Etats qui font dépendre de l'autorisation de l'Etat l'acquisition d'immeubles
par des étrangers. » (3) En conséquence, les Etats confédérés qui ont des dispositions spéciales sur l'acquisi-
sition des immeubles par les étrangers continuent à les
appliquer et peuvent restreindre d'autant la capacité
successorale de ces étrangers.

(1) V. Raoul de la Grasserie. — Trad. *Code civil allemand
et Loi d'introduction*, p. 523, 533, 538. — V. aussi Surville et
Arthuys, *Cours élém. dr. int. privé* (éd. 1900), p. 157, 378, 379.
  (2) Raoul de la Grasserie. — *Loc. cit.*
  (3) Raoul de la Grasserie. — *Loc. cit.*

A titre d'exemple, prenons la législation du Wurtemberg.

L'art. 4 du Landrecht porte : « L'étranger ne peut
acquérir d'immeubles dans le royaume par voie d'achat,
d'échange, ou de dation en paiement. Les immeubles
échus à un étranger par succession, don ou legs, par
mariage, peuvent dans les deux ans de l'acquisition être
cédés à un régnicole, soit à l'amiable, soit par voie de
justice. » L'art. 5 dispense des dispositions qui précèdent les sujets de la confédération germanique et les étrangers qui ont obtenu de l'administration locale une dispense spéciale pour l'acquisition d'un immeuble (1). Ces
règles de la législation wurtembergeoise, par application des art. 55 et 88 de la loi d'introduction au Code
civil allemand, doivent continuer à s'appliquer.

En Autriche la condition des étrangers est déterminée par l'art. 33 du Code civil qui est ainsi conçu : « Les
étrangers ont en général les mêmes droits et les mêmes
obligations que les nationaux, à l'exception de ceux
qui sont attachés à la qualité de citoyen. Mais pour
exercer les mêmes droits que les nationaux, les étrangers doivent en cas de doute, prouver que l'Etat auquel
ils appartiennent traite les sujets autrichiens comme
les siens propres en ce qui touche le droit dont il
s'agit. » La preuve ne peut résulter que d'un acte

(1) Anthoine de Saint Joseph. — *Op. cit.*, t. iv, p. 453.

authentique, dressé par un officier public compétent, de l'Etat auquel appartient l'étranger (1).

En Suisse, la plupart des cantons suivent le régime de la réciprocité législative. L'art. 6 du Code du canton de Berne assimile bien les étrangers aux Suisses, mais il ajoute que le Petit-Conseil pourra ordonner la réciprocité, au cas où des vexations seraient exercées à l'étranger contre ses sujets, par mesure de rétorsion (2). Même disposition dans le Code de Fribourg (3).

L'art. 9 du titre préliminaire du Code du Tessin est ainsi conçu : « Les lois favorisent et obligent aussi l'étranger, en tant qu'il séjourne, contracte, possède ou peut acquérir dans le canton. Néanmoins, pour jouir du bienfait de la loi, l'étranger devra prouver que les Tessinois sont admis à des droits égaux dans l'Etat auquel il appartient. L'étranger est toujours exclu des droits dont l'exercice exige essentiellement la qualité de citoyen tessinois. » (4)

L'art. 513 du Code du canton de Vaud porte qu'un étranger est admis à succéder dans le canton de Vaud à l'égal des Vaudois, lorsque dans le pays dont cet étranger est originaire, un Vaudois est admis à succéder à l'égal des indigènes (5).

(1) ANTHOINE DE SAINT-JOSEPH. — t. I, p. 4, col. 6. — CLUNET, *J. du dr. int. pr.*, 1880, p. 329 et suiv.
(2) ANTHOINE DE SAINT-JOSEPH. — T. IV, p. 31.
(3) ANTHOINE DE SAINT-JOSEPH. — T. IV, p. 87.
(4) ANTHOINE DE SAINT-JOSEPH. — *Op. cit.*, t. IV, p. 276.
(5) ANTHOINE DE SAINT-JOSEPH. — *Op. cit.*, t. IV, p. 69.

La règle de la réciprocité pure et simple fonctionne en Suède, mais avec des restrictions qui en aggravent la portée. C'est ce qui résulte des dispositions suivantes, chapitre XV du titre des successions du Code suédois.

Art 1er. — « Les héritiers d'un pays où les Suédois ne sont pas admis à succéder ne peuvent hériter à leur tour en Suède à moins qu'ils ne soient des descendants du défunt et qu'ils ne semblent fixer leur domicile dans le royaume ; mais ils sont tenus alors de donner caution dans l'an et jour. Hors ce cas, la succession sera recueillie par les héritiers indigènes, et à leur défaut par le roi. »

Art. 2. — « L'étranger citoyen d'un Etat où les Suédois ont la faculté d'hériter, peut recueillir un héritage en Suède ; mais s'il veut réaliser la succession et en emporter la valeur à l'étranger, il en donnera un sixième au roi, à moins de traités contraires. Si cet héritier n'établit pas ses droits dans l'an et jour à partir de l'époque du décès du défunt, l'héritier le plus proche résidant en Suède sera appelé à succéder, pourvu qu'il produise ses titres dans les trois mois après l'expiration du temps accordé à l'étranger. A défaut par lui de faire cette justification, s'il n'existe pas d'héritier dans le royaume, le roi ou celui qu'il désignera recueillera la succession. »

Art. 3. — « Si des héritiers étrangers ne se présentent pas dans l'an et jour du décès et qu'ils ne justifient pas d'empêchements légitimes, les héritiers suédois déjà

envoyés en possession de la succession en seront définitivement saisis. » (1)

Dans la principauté de Monaco la condition des
étrangers est régie par l'art. 11 du Code civil moné-
gasque ainsi conçu : « Un étranger jouira des mêmes
droits et avantages que ceux qui sont ou seront accordés
aux sujets monégasques par les lois de la nation à
laquelle cet étranger appartient. » L'art 609 du même
Code applique ce principe à la matière des successions. (2)

C'est d'après une règle analogue qu'est réglée la
jouissance des droits civils des étrangers en Serbie.
L'art. 47 du Code civil décide que « l'étranger jouira
en Serbie, des mêmes droits que ceux accordés aux
Serbes par l'Etat auquel cet étranger appartiendra ;
dans le cas de doute l'étranger doit en fournir la
preuve ». (3)

Troisième groupe. — Les Etats qui sont compris dans
ce groupe n'accordent le droit successoral aux étrangers
que sous la condition de la réciprocité diplomatique. Il
en est ainsi dans certains cantons de la Suisse, notamment à Genève, où le Code civil français est en vigueur
et où les art. 726 et 912 n'ont reçu aucune atteinte. (4)

(1) ANTHOINE DE SAINT-JOSEPH. — *Op. cit.*, t. III, p. 516.
(2) CLUNET. — *J. du dr. int. pr.*, 1890, p. 63.
(3) CLUNET. — *J. du dr. int. pr.*, 1884, p. 24 et suiv.
(4) ANTHOINE DE SAINT-JOSEPH. — *Op. cit.*, t. IV, p. 185.

Dans le canton des Grisons et dans le canton du Valais on trouve des dispositions analogues. (1)

Les mêmes principes sont observés dans le grand duché de Luxembourg, où le Code civil français n'a pas cessé de s'appliquer avec ses dispositions restrictives des art. 11,726 et 912.

Il en est de même en Pologne, dont la législation est semblable à la nôtre, sauf cependant dans les dix gouvernements auxquels s'applique l'ukase de 1887 dont nous avons rapporté les termes plus haut. (2)

Le Code civil de la Louisiane(3) n'est que la reproduction du Code français; il contient un article 1477 qui n'est que la copie textuelle de l'ancien art. 726 et qui est encore en vigueur.

Enfin le code civil de Bolivie, dans son art. 18 contient aussi la règle de la réciprocité diplomatique pour la jouissance du droit successoral des étrangers sur son territoire. (4)

Quatrième groupe — De plus en plus rares sont les États qui frappent les étrangers d'incapacités et de déchéances, en matière successorale. Il en est ainsi cependant dans certains Etats, de la grande république

(1) ANTHOINE DE SAINT-JOSEPH. — *Op. cit.*, t. IV, p. 203, 321, 341, 350.

(2) ANTHOINE DE SAINT-JOSEPH. — *Op. cit.*, v° Pologne, III, p. 90 notice.

(3) ANTHOINE DE SAINT-JOSEPH. — *Op. cit.*, II, p. 513.

(4) ANTHOINE DE SAINT-JOSEPH. — *Op. cit.*, II, p. 68.

américaine, qui sont restés fidèles aux traditions historiques.

Dans les États du New-Hampshire, du Kentuky, de l'Iowa, du Névada, de la Virginie et du Connecticut, l'étranger ne peut acquérir et posséder des biens fonds qu'à la condition de résider dans l'État ou tout au moins dans l'étendue de l'État fédéral.

L'étranger qui ne remplit pas cette condition est privé du droit de succéder.

Dans l'Arkansas, le Delaware, le Maryland et la Caroline du Sud, les étrangers ne peuvent acquérir et posséder des immeubles que s'ils déclarent leur intention de devenir citoyens des États-Unis dans les formes requises pour la naturalisation ; il faut donc cesser d'être étranger pour pouvoir succéder.

Dans l'État de Californie, seuls sont admis à succéder les étrangers de race blanche ou d'origine africaine (constitution du 7 mai 1879, 17ᵉ section).

Enfin dans quelques États, les étrangers ont la capacité d'hériter, sauf des sujets américains.

En Turquie jusqu'à une époque récente, les étrangers n'avaient pas le droit de succéder.

C'était une conséquence de l'esprit de haine que le fanatisme religieux inspirait aux musulmans à l'égard des infidèles. Cette rigueur a été en partie atténuée par une loi du 5 novembre 1868. Elle accorde aux étrangers le droit de posséder des immeubles et de les acquérir par donation et par testament. Le texte étant muet en ce qui concerne les meubles et la succession *ab intestat*, on s'est demandé s'il fallait adopter sur ces deux points la même solution. Bien que les termes rēstrictifs de la loi fussent de nature à justifier une interprétation rigoureuse, le conseil d'État s'est montré libéral en déclarant dans une décision du 12 juillet 1876 « que les immeubles acquis par les étrangers en vertu de la loi leur concédant le droit de posséder doivent être dévolus par succession à leurs héritiers légitimes. »

Cependant il subsiste deux restrictions importantes au droit de succéder. En premier lieu les étrangers ne peuvent hériter d'un immeuble appartenant à un sujet musulman ; « attendu que la loi du 7 sépher de l'an 1824 de l'hégire a autorisé les étrangers à posséder en Turquie mais qu'elle ne leur a pas donné le droit de succéder aux biens d'un sujet ottoman, que la prohibition mentionnée dans l'art. 110 de la loi sur la propriété domaniale, a été dictée pour sauvegarder leur nationalité, chose à laquelle tous les gouvernements attachent une grande importance et que le gouvernement impérial doit prendre en sérieuse considération, que dans ces circonstances l'article précité doit recevoir son application et que les étrangers ne doivent pas être admis à succéder aux terres domaniales, biens meubles ou immeubles délaissés par un sujet ottoman. » (1) — De

_______

(1) Clunet. — *J. dr. int. pr.*, 1887, p. 285 et s. et p. 280. — Le 7 sépher de l'an 1824 de l'hégire correspond au 5 novembre 1868.

plus les étrangers appartenant à une nationalité différente ne sont pas admis à se succéder respectivement. (1)

(1) Clunet. — *Loc. cité.*

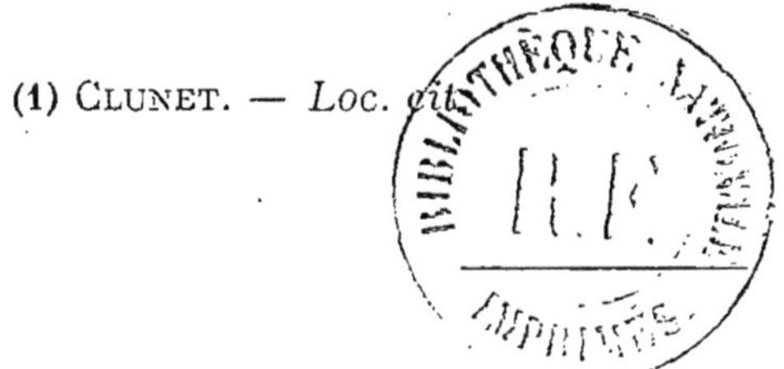
BIBLIOTHÈQUE NATIONALE
B. N.
IMPRIMÉS

# CHAPITRE III

## LES TRAITÉS.

Au point de vue de la capacité successorale, l'existence d'un traité n'offre pas toujours le même intérêt pratique. Conclu entre deux États dont la législation accorde la jouissance entière du droit successoral aux étrangers, le traité a pour unique effet de confirmer les principes résultant de cette législation et de mettre les nationaux respectifs des deux États contractants à l'abri des conséquences fâcheuses de son abrogation.

Il en est autrement des traités qui sont passés entre des États dont la législation frappe les étrangers d'incapacités au point de vue successoral ; ils présentent alors une utilité de premier ordre pour les nationaux des deux États respectifs puisqu'ils les relèvent d'une condition désavantageuse.

Les traités que la France avait négociés avant la loi du 14 juillet 1819 avec les États dont la législation est restée rigoureuse à l'égard des étrangers, ont conservé toute leur utilité primitive pour la France, mais ils n'ont plus d'autre raison d'être pour les nationaux des autres États contractants, comme nous l'avons dit plus haut, que de leur assurer une condition favorable, au cas où un revirement législatif viendrait à se produire. Il en est de même pour les Français à l'égard des États qui admettent l'égalité des nationaux et des étrangers.

Quant aux traités que la France a conclus depuis 1819, ils ne sont pour les autres États que la consécration de sa législation qu'elle s'engage à maintenir à l'égard de leurs nationaux. Mais ils assurent aux Français, sur le territoire des États contractants la jouissance de droits qu'ils ne posséderaient peut-être pas autrement.

Comme traités antérieurs à 1819 nous pouvons citer : Convention du 24 juin 1766 entre la France et la Hongrie abolissant le droit d'aubaine ; convention du 6 décembre 1768 entre la France et le grand duc de Toscane ; convention du 23 juillet 1775 entre la France et les Pays-Bays ; convention du 14 avril 1777 avec le grand duché de Wurtemberg, etc... (1)

Parmi les traités postérieurs à 1819, ceux passés par la France avec le Chili, le 15 septembre 1846, avec

(1) A côté de ces traités on peut citer à partir de 1804, des dispositions qui ne sont pas des traités mais qui en tiennent lieu en quelque sorte. Nous voulons parler des décrets rendus sous l'Empire et dont nous avons déjà dit un mot, qui abolissaient le droit d'aubaine et le droit de détraction au profit des nationaux des Etats qui composaient alors l'Allemagne et qui avaient aboli l'aubaine et la détraction au profit des Français. — V. GUICHARD, *Traité des droits civils.*

l'Espagne le 7 janvier 1862, avec l'Italie le 26 janvier 1862, avec le Portugal le 11 juillet 1866, avec la Russie le 1ᵉʳ avril 1874, pour ne citer que les plus importants, ne sont que la confirmation des législations respectives des États contractants.

L'art 5 du traité avec le Chili porte :

« Les Français au Chili et les Chiliens en France pourront acquérir toute espèce de biens par vente, échange, donation, testament et par toute autre voie de la même manière que les habitants du pays. Les héritiers ou les légataires ne seront pas tenus d'acquitter sur les biens qui leur seraient échus par héritage ou legs des droits autres ou plus élevés que ceux qui seraient supportés dans des cas semblables par les nationaux eux-mêmes ». (1)

Le traité conclu avec la Russie dit dans son art. 3 :

« Les Français en Russie et les Russes en France auront pleine et entière liberté d'acquérir, de posséder et d'aliéner, dans toute l'étendue des territoires et possessions respectifs, toute espèce de propriété que les lois du pays permettront aux sujets de toute autre nation étrangère d'acquérir ou de posséder. — Ils en pourront faire l'acquisition et en disposer par vente, donation, échange, mariage, testament ou de quelque autre manière que ce soit dans les mêmes conditions qui sont ou seront établies à l'égard des sujets de toute autre nation

(1) *Bulletin des lois*, n° 681.

étrangère, sans être assujettis à des taxes, impôts ou charges, sous quelque dénomination que ce soit, autres ou plus élevés que ceux qui sont ou seront établis sur les nationaux ». (1)

D'autres traités ont, pour nous, une importance plus grande, puisqu'ils ont pour effet de faire échapper les Français aux incapacités qui frappent les étranger, sur le territoire des États avec lesquels ces traités ont été passés. Les plus importants sont : le traité avec l'Autriche du 11 décembre 1866 ; avec le Pérou, du 9 mars 1861 ; avec la Serbie, du 18 janvier 1883.

Avec les États-Unis, la France a conclu un traité le 23 février 1853. D'après ce traité, dans tous les États de l'Union où les lois existantes le permettent, les Français pourront posséder des biens, meubles et immeubles, les acquérir par voie de succession et les transmettre à leurs héritiers, au même titre que les citoyens des États-Unis. Quant aux États de l'Union dont le législateur ne permet pas aux étrangers de posséder des immeubles, le président s'engage à leur recommander de faire des lois qui confèrent ce droit aux Français.

(1) V. *Journal officiel*, 20 avril 1874.

# TROISIÈME PARTIE

## DU PRÉLÈVEMENT RÉSERVÉ AUX COHÉRITIERS FRANÇAIS.

L'art. 1ᵉʳ de la loi du 14 juillet 1819 pose le principe de la capacité, pour les étrangers, de succéder et de transmettre.

L'art. 2, dont il faut donner le commentaire maintenant, assure une faveur exceptionnelle aux cohéritiers français en leur permettant d'effectuer un prélèvement, sur les biens de la succession situés en France, pour tout ce dont ils peuvent être exclus sur les biens situés à l'étranger. Cet article est ainsi conçu : « Dans le cas de partage d'une même succession entre des cohéritiers étrangers et français, ceux-ci prélèveront sur les biens situés en France, une portion égale à la valeur des biens situés en pays étranger dont ils seraient exclus, à quelque titre que ce soit, en vertu des lois et coutumes locales. » (1)

(1) Une observation intéressante et dûe à M. Fauchille (*J. dr. int. pr.*, 1889, p. 788) est que l'art. 2 de la loi de 1819 rappelle une règle analogue que contenait l'ancienne coutume d'Ypres. Cette coutume, en effet, après avoir reconnu aux étrangers le

Pour étudier complètement cette disposition si importante de notre loi, nous diviserons notre troisième partie en huit chapitres de la manière suivante :

CHAPITRE I. — *Des causes qui donnent ouverture au prélèvement.*

CHAPITRE II. — *A qui appartient le droit de prélèvement.*

droit de succéder, déclarait que la dévolution de la succession de ses bourgeois serait régie par le statut d'Ypres. Or, une pareille décision était manifestement contraire aux règles admises à cette époque sur la matière. Elle ne tenait aucun compte de la distinction entre les meubles et les immeubles, elle violait les principes d'après lesquels on déterminait la loi qui devait régir la succession mobilière. Aussi la jurisprudence des autres contrées se refusait-elle à observer cette disposition. Dans un but de représailles la coutume d'Ypres décidait ce qui suit : « Si quelqu'un refusait de rapporter quelques biens en l'inventaire et en partage, qui que ce soit, le survivant ou la survivante, ou les héritiers soutenant les avoir hors part et par la coutume du pays où ils sont situés, contraire à cette bourgeoisie, les autres hoirs et héritiers pourront dès ce moment mettre la main sur le reste des biens de la maison mortuaire jusqu'à ce qu'ils soient fournis et satisfaits de leurs valeurs et au cas que le reste ne pût fournir la valeur, il serait en entier pour poursuivre le droit ainsi qu'ils le jugeront à propos. » Donc toutes les fois que par suite de l'application d'une coutume contraire au statut d'Ypres, des héritiers étrangers à ce statut recevaient dans la succession d'un bourgeois d'Ypres des biens sur lesquels les héritiers soumis au statut d'Ypres ne prenaient aucune part (hors part dit le texte), ces derniers héritiers se dédommageaient de cette exclusion en s'emparant jusqu'à dûe concurrence et même pour le tout, si c'était nécessaire des biens laissés par le défunt sous la dépendance du statut d'Ypres. Il y avait là, comme on peut le voir, un véritable prélèvement présentant la plus grande analogie pour ne pas dire une ressemblance complète avec le prélèvement de la loi de 1819.(V. aussi BAUDRY et WAHL, *Traité des successions*, t. I, p. 155).

## CHAPITRE PREMIER

DES CAUSES QUI DONNENT OUVERTURE AU PRÉLÈVEMENT.

Il est un premier cas où le droit de prélèvement au profit du cohéritier français ne peut faire doute pour personne. C'est lorsque le cohéritier français est exclu en tout ou en partie des biens situés à l'étranger en raison de sa nationalité française. Il eût été, pensait-on, peu rationnel d'admettre les cohéritiers étrangers à partager les biens situés en France, sur le pied d'égalité avec les cohéritiers français, alors que sur les biens situés à l'étranger les cohéritiers français auraient été sacrifiés dans l'intérêt des cohéritiers étrangers. Il parut logique et équitable de rétablir l'égalité ainsi rompue à l'étranger, sur la partie de la succession qui se trouverait en France. A l'époque de la rédaction de la loi de 1819, c'était surtout l'Angleterre que le législateur français avait en vue en édictant cette disposition ; nous avons vu, en effet, qu'à ce moment les étrangers n'étaient pas admis à succéder d'après la loi anglaise ; elle les considérait comme privés du sang héritable.

« Vous appelez tous les Anglais à recueillir en France toutes les successions auxquelles ils auraient droit, s'ils étaient Français, disait Boissy d'Anglas, dans son rapport à la chambre des pairs ; mais le gouvernement britannique n'en fait pas de même et pendant que l'Anglais, quoique Anglais, est habile à succéder parmi nous, le Français parce qu'il est Français ne saurait hériter en Angleterre. Voici l'hypothèse qui va achever d'éclaircir la question. Un sujet du roi de la Grande-Bretagne meurt en laissant deux lignées : un fils établi à Londres et des petits-enfants nés en France d'une fille mariée à un Français et qui est morte avant son père ; la succession immobilière est située dans les deux pays ; les lois sur le droit d'aubaine sont abolies parmi nous, mais elles ne le sont pas en Angleterre ; l'Anglais vient partager ici avec les enfants de sa sœur les biens que son père y a laissés et il n'y rencontre aucun obstacle ; mais, quand les co-successeurs vont à leur tour réclamer à Londres leur part dans les biens qui s'y trouvent, on les repousse en leur opposant leur qualité de sujets du roi de France : on se fonde avec succès sur cette même législation de l'aubaine que nous venons d'abolir ; et ils sont frustrés de tout concours dans la succession de leur aïeul ; ce serait le seul cas sans doute où la loi de la réciprocité pourrait être regrettée ; mais la loi actuelle y a pourvu jusqu'à un certain point par l'art. 2 du projet. Sans cela, la loi dont il s'agit ne serait utile qu'aux étrangers et nous devons désirer qu'elle le soit également à l'étranger et au Français. C'est bien assez sans doute de n'établir aucune différence en faveur de ceux qui nous appartiennent sans en créer qui leur soit contraire. » (1)

Cette cause de prélèvement a cessé d'exister vis-à-vis de l'Angleterre depuis que le statut de 1870 a généreusement reconnu aux étrangers la jouissance du droit successoral ; elle subsiste cependant à l'égard des colonies anglaises qui n'ont pas adopté le statut dont il s'agit et qui ont conservé une législation moins libérale.

Elle doit également recevoir son application à l'égard des Etats qui subordonnent la jouissance du droit de succéder à la condition de la réciprocité diplomatique et avec lesquels la France n'a pas conclu de traité à ce sujet ; il en est ainsi du grand duché de Luxembourg, toujours régi par le code civil Français et de la Louisiane La même solution s'impose à plus forte raison vis-à-vis des Etats qui sont restés fidèles aux principes du droit

____

(1) Locré. — *Législation civile*, t. X, pp. 526 et 527. Chambre des pairs, séance du 22 mai 1819.

d'aubaine, tels que certains Etats de l'Amérique et dans une certaine mesure la Turquie, comme nous l'avons expliqué précédemment. Les cohéritiers français exerceront le droit de prélèvement établi par l'art. 2 de la loi de 1819 à l'encontre des nationaux de ces pays.

Cette solution, nous le répétons, ne peut soulever aucune difficulté, elle résulte très nettement du texte et et de l'esprit de la loi. (1) Et nous ajoutons qu'elle est raisonnable et juste. Elle apporte une restriction nécessaire à la réforme de l'Assemblée Constituante remise en vigueur par l'art. 1er de la loi de 1819, en sauvegardant dans une mesure équitable l'intérêt de nos nationaux à l'étranger.

Mais est-ce seulement dans ce cas que le droit de prélèvement établi par l'art. 2 reçoit son application ? Il peut arriver que dans la liquidation d'une succession qui comprend des biens situés en France et des biens situés à l'étranger l'égalité du partage soit rompue au détriment du Français sur les biens situés à l'étranger, non plus parce qu'il est Français, mais en raison de l'âge, du sexe ou du degré de parenté et parce que la loi étrangère règle autrement que la loi française la dévolution des biens. Dans ce cas, le droit de prélèvement pourra-t-il s'exercer sur les biens situés en France ? Prenons un exemple pratique pour plus de clarté. Supposons qu'un Italien meurt laissant comme héritiers son père, Italien comme lui, et son frère naturalisé

_____

(1) V. Weiss, *Traité théor. et prat. dr. int, pr.* t. II, p. 351.

Français ; la succession se compose d'immeubles situés en Italie, d'une valeur de 50.000 francs, et d'immeubles situés en France d'une égale valeur de 50.000 francs. D'après le Code italien, art. 740, la succession se partage par parts égales entre le père et le frère ; chacun prendra donc 25.000 sur les biens d'Italie. D'après la loi française, au contraire, art. 749 C. civ., le père a droit à un quart soit 12.500 francs, et le frère aux trois quarts soit 37.500 francs. Mais convient-il d'accorder en outre à ce dernier sur les biens de France une part égale à celle dont il est privé sur les biens d'Italie, soit 12.500 francs, en sorte qu'en définitive le père Italien ne recueillerait aucune part des biens situés en France (1).

Cette question est très discutée ; trois systèmes ont été proposés pour la résoudre.

Dans un premier système, qui compte, aujourd'hui, peu de partisans (2), on soutient que le prélèvement ne peut être exercé que quand l'exclusion du cohéritier français a pour cause son extranéité. Il ne s'applique pas lorsque cette exclusion est la conséquence des dispositions de la loi étrangère applicables aux nationaux eux-mêmes.

A l'appui de cette manière de voir, on invoque l'esprit de la loi de 1819, ses travaux préparatoires, son

(1) Exemple cité par M. WEISS, *Traité élément. de dr. int. privé.*

(2) DEMOLOMBE. — *Des successions,* t. I, p. 93. — ANTOINE, *De la succession légitime et testamentaire en dr. int. pr.,* p. 154 et suiv.

texte et enfin les principes généraux du droit international.

Et d'abord l'esprit de la loi. L'Assemblée Constituante en supprimant purement et simplement le droit d'aubaine avait admis les étrangers à succéder en France, sans se préoccuper d'assurer à nos nationaux un régime analogue dans les autres pays. Il en était résulté que les Français restaient frappés au dehors des incapacités et des déchéances qui avaient été supprimées chez nous; en sorte que nous étions dupes de notre trop grande générosité. Le Code civil réagit contre les conséquences fâcheuses de cette politique, mais à son tour, il alla trop loin dans un autre sens, en rétablissant en fait, sinon en droit, les rigueurs de nos anciennes coutumes à l'égard des étrangers. Le but de la loi de 1819 a été de revenir à des principes plus équitables ; dans son art. premier elle remet en vigueur la règle de la Législation Révolutionnaire et supprime toutes les incapacités, en matière successorale, à l'égard des étrangers. Mais en même temps, pour ne pas retomber dans la faute commise en 1790 et en 1791 et ne pas encourir le reproche adressé à l'Assemblée Constituante, elle consacre son art. 2 à protéger les cohéritiers français contre les législations étrangères qui n'auraient pas suivi ou qui ne suivraient pas, dans l'avenir, notre généreux exemple. Le prélèvement qu'organise notre loi dans son art. 2 n'a pas d'autre raison d'être que d'indemniser les Français, dans la mesure du possible, sur les biens situés en France, des déchéances ou des incapacités qu'ils pourraient subir pour cause d'extranéité, de la part de législations étrangères qui auraient conservé le droit d'aubaine. C'est une survivance détournée du régime de réciprocité du Code civil.

Les travaux préparatoires, corroborent, dit-on, cette interprétation. C'est bien, en effet, ce qui résulte du rapport de Boissy d'Anglas dont nous avons rappelé les termes ci-dessus. C'est aussi ce qui se dégage des explications fournies par le garde des sceaux M. de Serres, au cours de la discussion; M. Cornudet ayant fait observer que l'art. 2 du projet avait le grave inconvénient de porter atteinte aux traités que la France avait conclus sur les bases de la réciprocité diplomatique, par application de l'art. 726 C. civ., le garde des sceaux répondit que ce reproche n'était nullement fondé, attendu que ces traités ne donnaient pas aux étrangers, sujets des Etats avec lesquels ils étaient conclus, plus de droits que ceux qui résultaient de l'article dont l'adoption était proposée. Pour que cela fût exact, il fallait bien supposer, que dans la pensée des auteurs de la loi, l'objet unique de l'article, était de remédier pour les Français, sur les biens de France, aux inconvénients du droit d'aubaine dont ils seraient frappés à l'étranger. L'observation eût été erronée si la disposition de cet article avait dû aboutir à faire écarter, pour les cohéritiers français, les conséquences d'une loi successorale d'un pays étranger, conséquences auxquelles les autres cohériers, nationaux de ce pays, auraient été assujettis. On n'aurait pas pu dire alors que les étrangers succèdent en France à l'égal des Français ; ce serait en somme le droit d'aubaine remis en pratique sous une forme déguisée. Sur ce point, le texte, ajoute-t-on, est d'ailleurs d'accord avec l'esprit de la loi pour déterminer l'interprète à se prononcer dans ce sens. La loi subordonne l'exercice du prélèvement à la condition que le cohéritier français soit « exclu » des biens de la succession situés en pays étranger. Or on ne peut pas dire que le cohéritier français soit « exclu », du moment qu'il est admis à succéder à l'étranger dans les mêmes conditions qu'un national. Il est mal fondé, cet héritier français, à se plaindre d'être traité sur le pied de la plus parfaite égalité avec les ressortissants de l'Etat étranger. Lui accorder une indemnité parce que la loi étrangère lui est moins favorable que la loi française par la façon dont elle opère la dévolution héréditaire, ce serait concéder au cohéritier français un véritable privilège, exorbitant en fait et injustifiable en droit.

Enfin, fait-on observer, la solution contraire violerait les principes essentiels du droit international privé. « Elle n'aboutit à rien moins qu'à refuser aux lois étrangères le droit de régler la succession de leurs nationaux. Et en fait, elle exerce des représailles contre les pays étrangers parce qu'ils ne régissent pas la succession de leurs nationaux conformément à la loi

française. Or, c'est un principe incontestable que chaque Etat a le droit de régler comme bon lui semble la
succession de ses nationaux quand elle se compose de
biens situés sur son territoire. » (1)

Dans une seconde opinion, on fait une distinction,
suivant que d'après les règles du conflit des lois le ré-
glement de la succession doit être soumis à la loi française ou à la loi étrangère. (2)

Lorsque la dévolution de la succession doit être régie
par la loi française, l'art. 2 s'applique. Les cohéritiers
français peuvent réclamer, sur les biens situés en
France, la part à laquelle ils auraient droit, sur la portion de la succession située à l'étranger, d'après la loi
française, et dont ils sont privés par suite de l'application de la loi étrangère. Cette solution ne souffre aucune
difficulté. La loi française n'empiète pas sur la souveraineté étrangère ; elle tend seulement à faire respecter
ses propres dispositions, en indemnisant ses ressortissants contre le préjudice résultant de l'application irré-
gulière de la loi étrangère.

Au contraire, dans le cas où c'est la loi étrangère qui,
d'après la théorie du conflit des lois, doit régir la liquidation de la succession, le prélèvement de l'art. 2 ne
peut avoir lieu, le législateur français sortirait de son

(1) ANTOINE. — *Op. cit.*, p. 154.
(2) BERTAULD. — *Questions pratiques et doctrinales*, t. I, p. 80.
— A WEISS, *Trait. de dr. int. pr.*, p. 408 ; *Traité théor. et prat.
dr. int. pr.*, t. II, p. 355 et 356.

rôle, il excéderait les limites normales de sa fonction, en s'appliquant à corriger les effets d'une législation étrangère qui n'est pas sortie de son domaine propre. En procédant autrement, il porterait une atteinte certaine quoique indirecte au principe de la souveraineté des Etats. « Il dirait aux législateurs étrangers : je serai seul maître chez moi, et quand vous ne me laisserez pas maître chez vous, quand tout en accordant à mes nationaux ce que vous accordez aux vôtres, vous ferez prévaloir vos prescriptions sur les miennes, je dérogerai à mes propres prescriptions et je vous punirai dans la personne de vos sujets, comme coupables de n'avoir pas abdiqué votre souveraineté. » (1)

Enfin, la troisième opinion à laquelle nous préférons nous rallier, avec la majorité des auteurs (2) admet les cohéritiers français à se prévaloir de l'art. 2 de la loi de 1819, quelle que soit la cause d'exclusion qui les prive à l'étranger, d'une partie des biens qu'ils devraient recueillir d'après la loi française, sans distinguer si elle est la conséquence de leur extranéité ou si elle résulte d'une règle applicable même aux nationaux et sans re-

(1) V. Bertauld. — *Questions pratiques et doctrinales*, t. i, p. 81. — Weiss *op. cit.* t. ii, p. 355 et 356.

(2) Duranton, vi, 83. — Rodière, Dissertation. *Revue de législation*, 1850, i, p. 192. — Demolombe, t. xiii, p. 199. — Aubry et Rau, *Cours de dr. civil français*, t. vi, p. 279. — Renault, dans Clunet, *J. dr. int. pr.*, 1876, p. 16. — Surville et Arthuys, *Cours élém. de dr. int. pr.*, p. 372 et suiv., n° 349 (édit. 1900). — Chamcommunal, *De la succession ab intestat en dr. int. pr.*, p. 599 et suiv.

chercher si la loi qui doit régir la succession est la loi française ou la loi étrangère.

Cette solution paraît bien s'imposer en présence des termes si formels de l'art. 2 : « ...... ceux-ci (les cohéritiers français) prélèveront sur les biens situés en France une portion égale à la valeur des biens situés en pays étranger dont ils seraient exclus à quelque titre que ce soit, en vertu des lois et coutumes locales. »

« A quelque titre que ce soit », dit la loi, donc soit en raison de leur qualité d'étrangers au pays, soit parce que la loi étrangère règle la question successorale autrement que la loi française.

Les travaux préparatoires de notre loi, loin de contredire cette interprétation, comme le prétendent les partisans de la première opinion, ne font au contraire que la confirmer pleinement. Sans doute, dans son rapport à la chambre des pairs, Boissy d'Anglas s'attache surtout à faire ressortir que la disposition de l'art. 2 aura cet heureux effet d'indemniser le cohéritier français, par voie de prélèvement sur les biens de France, des conséquences du droit d'aubaine que certaines législations étrangères pratiquent encore ; et c'est à cette occasion qu'à titre d'exemple il cite la loi anglaise Mais c'est attribuer à ses paroles une portée qu'elles n'ont pas que d'en conclure que c'est là le seul résultat qu'on a voulu obtenir en 1819 en édictant cet article.

Le contraire paraît bien établi par ce passage du rapport du baron Pasquier : « Il ne faudrait pas, dit-il, lors-

que l'égalité des partages entre Français est le principe
de notre législation que cette égalité cessât lorsqu'un
étranger se trouve avoir part à la succession. Il ne le
faudrait pas, surtout lorsque nous avons entre les mains
un moyen de l'empêcher, lorsque ce moyen est simple
et facile ; c'est celui qui se trouve développé dans l'art. 2
de la loi proposée. Que fait-il en effet ? Etablit-il pour
les Français quelques avantages au préjudice des étrangers ? Non, sans doute ; il maintient seulement en leur
faveur l'égalité de partage dans toute l'étendue que la
loi peut lui donner.... Comme nous n'avons action que
sur les biens situés en France, c'est sur ces derniers
que nous prendrons la part des Français en la faisant
égale à celle qui leur reviendrait sur la totalité des biens
situés tant en France qu'à l'étranger. » (1) On peut également tirer argument de l'exposé des motifs du garde
des sceaux ; parlant de la diversité des anciennes coutumes françaises en matière successorale et des conflits
qui en résultaient, il disait : « Si l'on n'avait pas songé
à y obvier, c'est parce qu'un Français gagnait ce que
l'autre perdait, tandis qu'on ne peut pas avoir la même
indifférence pour les avantages d'un étranger sur un
Français... » (2) Ailleurs il ajoutait encore ceci, qui

(1) LOCRÉ. — *Op. cit.*, t. x, Chambre des députés ; rapport du
baron Pasquier au nom de la commission centrale, séance du
9 juin 1819, p. 572.
(2) LOCRÉ. — *Op. cit.*, t. x, Chambre des pairs, séance du 4 mai
1819, p. 503.

n'est pas moins expressif : « A la rigueur nous pourrions exclure l'étranger des successions qui comprennent des biens situés en France ; à plus forte raison avons nous le droit de le soumettre à une condition. C'est en définitive protéger nos nationaux contre la rigueur ou l'inégalité des lois étrangères. » (1)

Il ne faut pas oublier enfin que la loi de 1819 était par dessus tout, dans la pensée de ses auteurs, ainsi qu'ils n'hésitent pas à le déclarer eux-mêmes, une loi de calcul et d'intérêt. Il est donc conforme à l'esprit qui a présidé à sa confection de supposer qu'elle a poussé jusqu'à l'exagération le souci de l'intérêt national.

C'est à cette manière de voir que se rattachent d'une façon constante les décisions de la jurisprudence.

Nous pouvons citer dans ce sens un arrêt de la Cour de cassation du 18 juillet 1859. (2) L'espèce était la suivante : un sieur Vanoni, originaire du canton du Tessin était mort à Paris, le 6 octobre 1854, laissant pour héritier son fils Jacques Vanoni et deux petits-enfants représentant sa fille prédécédée, la dame Moineau mariée à un Français ; la succession comprenait des immeubles situés les uns à Paris, les autres en Suisse. La liquidation de cette succession souleva d'abord une question de compétence qui fut tranchée par les tribunaux français en faveur des tribunaux

---

(1) LOCRÉ. — *Op. cit.*, t. x, *loc. cit.* et *Moniteur* du 30 mai 1819.
(2) Cass., 18 juillet 1859. D. 1859. 1. 325.

suisses par application du traité du 19 juillet 1828 ; puis les tribunaux suisses ayant été saisis de l'affaire, le partage fut opéré par décision du tribunal du district de Vallemaggie, en date du 23 janvier 1856, confirmée en appel par la cour de Lugano de la façon suivante : le fils du défunt, par privilège de masculinité reconnu par le Code civil tessinois, recevait les trois quarts de tous les biens héréditaires existant soit en France, soit en Suisse, et les petits-fils issus de la fille prédécédée le quart restant des mêmes biens. C'est alors que le père de ces derniers réclama devant les tribunaux français le droit de prélever, sur les immeubles situés en France, une portion égale à la valeur dont ses enfants mineurs étaient exclus, sur les biens situés en Suisse, en raison de la loi du Tessin qui avantageait le cohéritier suisse. Devant le tribunal de la Seine et devant la cour de Paris le défendeur invoqua comme principal argument, pour faire échec à la prétention du cohéritier français, la teneur du traité franco-suisse de 1828. Cette objection fut repoussée ; nous nous bornons à le constater ici, nous aurons à revenir sur ce point particulier plus tard et nous y insisterons d'avantage. En première instance par un jugement du 17 avril 1857, et en appel par arrêt du 9 août 1858, le droit au prélèvement fut reconnu aux mineurs français sur les biens de France. Ce fut en Cassation seulement que la discussion fut portée sur la question qui nous occupe et que fut agitée l'étendue exacte d'application de l'art. 2

de la loi de 1819. Parmi les nombreux moyens invoqués en faveur du pourvoi figurait celui-ci : « Violation et fausse application de l'art. 2 de la loi du 14 juillet 1819 à une succession à laquelle cet article devait demeurer étranger par ce motif... qu'il ne vient au secours du Français exclu en tout ou en partie par la loi étrangère, dans le partage des biens situés en pays étranger, que lorsqu'il est frappé d'exclusion à raison de sa nationalité et non comme tout autre étranger à raison de son sexe. »

La Cour de cassation a repoussé ce moyen : « Attendu que les successions sont d'ordre public et que le principe d'égalité des partages qui en est la base ne peut être atteint sur le territoire de la France par l'application des lois étrangères qui y sont contraires ; attendu que la loi du 14 juillet 1819, en appelant les étrangers à succéder en France lorsqu'ils y sont propriétaires et en concours avec des sujets français a entendu consacrer et maintenir ce principe d'égalité ; mais qu'à cet effet l'art. 2 de la dite loi porte : « dans le cas de partage d'une même succession entre des cohéritiers étrangers et français, ceux-ci prélèveront sur les biens situés en France, une portion égale à la valeur des biens situés en pays étranger dont ils seraient exclus, à quelque titre que ce soit, en vertu des lois et coutumes locales.» Attendu que cette disposition est générale et absolue et ne comporte aucune exception ; que le législateur n'a entendu ni la limiter ni la restreindre en vue de la

nationalité ou de toute autre cause ; que dès lors, le
principe que le juge ne peut admettre ou créer une distinction qui ne résulte ni des termes, ni de l'esprit de
la loi, doit recevoir son application... »

On peut enfin se demander s'il y a lieu au prélèvement en vertu de notre art. 2 lorsque l'exclusion du
cohéritier français sur les biens situés à l'étranger
résulte non de l'application de la loi étrangère sur la
dévolution *ab intestat*, mais de l'expression de volonté
manifestée par un testament.

Il est un cas où la question n'offre aucune difficulté,
c'est lorsque le testament qui fait grief aux intérêts
d'un Français, en attribuant une part plus grande de la
succession à un étranger, serait valable au regard de
la loi française. Il n'y a aucun motif, dans ce cas, pour
refuser de faire produire à ce testament tous ses effets
juridiques. Car il ne s'agit plus alors d'indemniser le
cohéritier français contre les conséquences d'une loi
étrangère qui porterait atteinte à ses intérêts légitimes ;
et le but que se proposait le législateur de la Restauration n'est pas en jeu. Cela est d'autant plus exact que
la solution contraire n'aboutirait à rien moins qu'à
supprimer, tout au moins à limiter, la capacité pour
l'étranger de disposer de ses biens par testament ; ce
qui serait détruire le principe posé par l'art. 1er de la
loi, qui reconnaît formellement à l'étranger la jouissance
du droit de disposer de ses biens à son décès. Ce serait
dans une certaine mesure, le retour à l'ancienne pra-

tique de l'aubaine dont la loi de 1819 a voulu faire disparaître les derniers vestiges.

Ainsi donc, pour fixer notre première solution par un exemple, dans l'hypothèse citée plus haut (1), nous admettrions comme valable en France le testament d'un Italien ayant pour héritier un père, italien, et un frère, français, qui attribuerait à son père la moitié de sa succession et laisserait l'autre moitié seulement à son frère au lieu des trois quarts qu'il devrait avoir d'après la loi française. Et nous refuserions sur les biens de France, à ce frère, le droit au prélèvement pour le quart de la succession dont il serait privé par la volonté du défunt.

Cela revient à dire que la disposition de l'art. 2 de la loi de 1819 n'est pas par elle-même une prescription d'ordre public contre laquelle ne puisse pas prévaloir une manifestation de volonté contraire. Le *de cujus* étranger peut valablement en écarter l'application par une clause formelle de son testament, pourvu qu'il n'en résulte aucune atteinte à d'autres principes essentiels de notre droit successoral.

Sur ce premier point nous n'avons rencontré aucune dissidence ; la doctrine et la jurisprudence se prononcent dans ce sens d'une façon plus ou moins explicite.

Il en est autrement dans le cas où le cohéritier français se trouve exclu par une clause testamentaire

_______

(1) Exemple emprunté à M. WEISS. *Trait. élém. dr. int. pr.*

valable d'après la législation étrangère, nulle 'd'après la loi française. Y a-t-il ouverture, dans ce cas, au prélèvement en faveur du cohéritier français sur les biens de France, pour la portion dont il est exclu par le testament sur les biens situés à l'étranger? La même divergence que nous avons rencontrée sur la première question relative à l'application de l'art. 2 se retrouve ici et les mêmes solutions sont proposées.

S'appuyant toujours sur les termes absolus de la loi déjà soulignés plus haut « ...dont ils seraient exclus, à quelque titre que ce soit, en vertu des lois et coutumes locales », la jurisprudence déclare que les cohéritiers ne doivent pas plus souffrir des dispositions d'un testament qui serait valables à l'étranger mais nulles en France, que des dispositions établies directement par une loi étrangère. C'est ce qu'a décidé, dans une première affaire, la Cour de cassation, par arrêt du 29 décembre 1856 ; la cour de Douai s'est conformée à cette manière de voir dans un arrêt postérieur, en date du 28 avril 1874.

Dans la première affaire, il s'agissait d'une dame espagnole, Victorina Gil de Olivarès, mariée à un Espagnol, Juan de Vivanco, domicilié à Bilbao, qui étant décédée en état de minorité, avait disposé par testament de la totalité de sa fortune en faveur de son mari et au détriment de ses héritiers français. D'après la loi espagnole, le testament était régulier ; d'après la loi française au contraire le legs universel devait être réduit à la moitié en vertu de l'art. 904 C. civ. qui ne permet au mineur de seize ans de disposer que de la moitié seulement de ce dont pourrait disposer un majeur. Les héritiers français frustrés par ce testament de tous les biens de la succession situés en Espagne, demandèrent à exercer un prélèvement sur les biens mobiliers situés en France pour toute la part dont ils étaient exclus à l'étranger.

La cour de Bordeaux avait rejeté cette prétention par arrêt du 7 août 1854, motif pris de ce que la défunte ayant son domicile en Espagne et les biens situés en France étant mobiliers, c'était la loi espagnole qui devait seule régler la succession tout entière.

Pourvoi fut formé devant la Cour de cassation qui, infirmant la décision de Bordeaux, admit la prétention des héritiers français à se prévaloir de l'art. 2 sur les biens de la succession situés en France. « Attendu, dit la Cour suprème, que la loi française en accordant aux étrangers le droit de disposer et de succéder en France, a voulu que ce fût de la même manière que les Français et de telle sorte que les biens situés en France servissent à indemniser les cohéritiers français des pertes auxquelles ils seraient exposés par des exclusions prononcées contre eux, à quelque titre que ce fût, en vertu des lois et coutumes étrangères ; attendu que ces principes sont ceux de la loi du 14 juillet 1819, que ni la règle posée par l'art. 110 C. civ. en vertu duquel l'ouverture d'une succession est déterminée par le domicile, ni la règle qui veut conformément à l'art. 3 du même Code, que l'état et la capacité des personnes soient régis par la loi nationale formant leur statut personnel, ne doivent en aucun cas faire obstacle à l'exécution de la loi du 14 juillet 1819 et que les tribunaux français et non les tribunaux étrangers ont compétence pour maintenir, en vertu de cette loi, sur les biens situés en France, les droits ouverts par les lois françaises aux cohéritiers français. » (1)

Ce dernier considérant est important à retenir ; il montre l'opposition qui peut se produire entre la règle du conflit des lois et la disposition de l'art. 2 de la loi de 1819 ; nous aurons à y revenir plus loin dans notre chapitre VI.

Sur le point particulier qui nous occupe en ce moment, la Cour ajoute : « Attendu que la loi de 1819 indemnise les cohéritiers français des exclusions résultant, contre eux, des dispositions testamentaires qui, contraires à la législation française, sont autorisées par une législation étrangère, aussi bien que des exclusions prononcées directement par la loi étrangère, sans le concours de la volonté de l'homme. »

L'espèce soumise à la Cour de Douai était la suivante : Une Anglaise avait disposé de toute sa fortune en faveur de son mari, Anglais comme elle, et au détriment d'un enfant naturel, de nationalité française,

(1) Cass. 29 décembre 1856. D. 1856. 1. 471.

qu'elle avait eu avant son mariage d'un autre que de son mari. D'après le droit anglais l'acte était régulier ; il était au contraire sujet à réduction d'après la loi française qui accorde une réserve à l'enfant naturel. En conséquence, l'enfant naturel français réclama sur les biens de la succession, situés en France, un prélèvement égal à la valeur des biens dont il était privé en Angleterre. La cour de Douai, dans son arrêt fit droit à cette réclamation ; les motifs qu'elle donne à l'appui ne sont guère différents de ceux que nous avons déjà reproduits des précédentes décisions judiciaires. «Attendu, dit la cour, que les termes de cette lois sont si généraux et si absolus qu'ils comprennent tout et qu'ils excluent par conséquent toute loi contraire étrangère, quelle qu'elle soit, et que, dès lors, peu importe que l'exclusion de l'héritier français provienne du fait seul de la loi ou qu'elle résulte d'une disposition de l'homme autorisée par la loi. » (1)

Il nous reste un dernier point à traiter, pour terminer notre chapitre premier. Il s'agit de savoir si, pour qu'il y ait lieu au prélèvement de l'art. 2, il est nécessaire que la portion de la succession existant en France soit régie par la loi française. Supposons, par exemple, qu'un étranger meure, ayant son domicile dans son pays, y possédant des meubles ou des immeubles et n'ayant en France que des meubles. D'après la règle

(1) Douai, 28 avril 1874. D. 1875. 2 49.

adoptée par la jurisprudence française, la succession tout entière doit être régie par la loi étrangère ; y aura-t-il lieu même dans ce cas au prélèvement de l'art. 2 ? La question peut faire doute. En faveur de la négative on peut observer que la loi française peut bien ordonner le prélèvement sur les biens d'une succession qui est soumise à son empire, mais qu'il ne saurait en être ainsi pour les biens qui doivent être dévolus suivant une loi étrangère. Cette solution serait certainement tout à fait conforme aux principes ; mais elle ne résulte ni du texte, ni de l'esprit de la loi : du texte, car les termes de l'art. 2 sont très généraux, et à moins de tomber dans l'arbitraire, son interprétation ne comporte aucune distinction ; de l'esprit de la loi qui a eu pour but unique de sauvegarder l'intérêt national par un moyen purement empirique et sans s'embarrasser des questions théoriques, toutes les fois que les circonstances donneraient prise à la loi française. Dès lors, la succession comprenant des biens situés en France, le prélèvement est possible, donc il doit avoir lieu.

La jurisprudence est fixée dans ce sens ; cela résulte notamment de l'arrêt de Douai que nous avons analysé plus haut. (1)

---

(1) V. aussi Cass., 27 août 1850. D. 1850. 1. 257 ; S. 1850. 1. 647, *J. du Palais*, 1851. t. 56. p. 203.

# CHAPITRE II



Pour pouvoir exercer le droit de prélèvement, il faut remplir deux conditions : il faut être français et il faut être héritier. Nous allons développer ces deux points dans le cours de ce chapitre.

Et d'abord il faut être français. (1)

Cette première condition ne peut souffrir aucune difficulté. Elle est, en premier lieu, commandée par le respect des termes de la loi, qui sont formels. « Dans le cas de partage d'une même succession entre des cohéritiers étrangers et français, *ceux-ci* prélèveront..», et en notre matière, tout exceptionnelle, l'interprétation littérale s'impose.

Elle est en outre conforme à l'esprit de la loi qui a entendu sauvegarder les intérêts français et n'a pas eu du tout pour objet de consacrer un privilège en faveur des étrangers.

On peut dire que le prélèvement qui est établi par l'art. 2 de la loi de 1819 constitue un droit civil réservé

(1) V. WEISS. *op. cit.* t. II, p. 357 et 358.

aux nationaux seuls et dont les étrangers ne peuvent bénéficier.

En sorte qu'il n'a pas lieu dans le cas d'une succession à laquelle ne sont appelés que des étrangers et que dans le cas où dans une même succession des étrangers et des Français sont appelés à concourir, l'héritier français peut seul exercer le droit de prélèvement.

Cette solution a été consacrée nettement dans un arrêt de la Cour de cassation du 29 juin 1863. (1)

L'espèce était la suivante. Le sieur Blasini était décédé à l'île de la Trinité laissant pour lui succéder cinq filles, les dames Charles et Jules Court, Lions et Blasini Junior, Jackson et un petit-fils, le sieur Knox issu d'une fille prédécédée. Les dames Court, Lions et Blasini étaient restées françaises, tandis que les dames Jackson et Knox étaient devenues anglaises par leur mariage. Par son testament en date de la Trinité du 22 novembre 1857, le défunt avait légué aux enfants de la dame Blasini Junior une quotité de biens supérieure à celle qui est autorisée par la loi française, c'est-à-dire le quart dans l'hypothèse dont il s'agissait. Ce legs portait atteinte aux droits des cohéritiers français.; les dames Court et Lions réclamèrent en conséquence le droit de prélever sur les biens de la succession situés en France la part pour laquelle le testament faisait échec à leur réserve ; mais elles s'opposèrent à ce qu'un semblable droit fût reconnu à leurs cohéritiers étran-

(1) Cass., 29 juin 1863. D. 1863. 1. 419.; S. 1863. 1. 393.

gers, la dame Jackson et le sieur Knox. La cour de Paris d'abord, par arrêt du 4 août 1862, la Cour de cassation ensuite, par arrêt du 29 juin 1863, leur donnèrent satisfaction. Ce dernier arrêt est fortement motivé ; nous croyons intéressant d'en reproduire les principaux considérants.

« Sur le moyen tiré de la violation des art. 1er et 2 de la loi du 14 juillet 1819, en ce que l'arrêt attaqué n'autorise qu'en faveur des héritiers français le prélèvement sur la part attribuée dans les biens de France à la dame Blasini jusqu'à concurrence de ce que la loi étrangère doit leur enlever au delà de la quotité disponible française, dans le partage des biens situés à la Trinité et refuse le bénéfice de ce prélèvement aux héritiers étrangers, qui cependant sont lésés comme eux par les dispositions excessives faites au profit de la dame Blasini ; attendu que la loi du 14 juillet 1819 contient deux dispositions distinctes inspirées par des pensées différentes, et donnant lieu, dans leur application, à deux opérations indépendantes l'une de l'autre, que vainement le pourvoi voudrait confondre ; que l'art. 1er faisant disparaître jusqu'aux dernières traces du droit d'aubaine, admet l'étranger à succéder en France aux mêmes conditions que le Français et veut que le partage de la succession, qu'ils sont appelés concurrement à recueillir, s'opère, entre eux, sur le pied d'égalité et que l'art. 2 prévoyant le cas où la succession, se composant tout à la fois de biens situés en France et de biens situés à

l'étranger, l'un des héritiers aurait à prendre dans les
biens étrangers, à la faveur de la loi qui les régit, une
part excédant la quotité disponible française, autorise
l'héritier lésé à prélever sur la part attribuée à l'héritier
avantagé, dans les biens de France partagés comme
constituant une succession distincte, les biens et valeurs
nécessaires pour l'indemniser de ce dont il est exclu par
la loi étrangère ; attendu que cette dernière disposition
qui déroge au droit commun et altère, à l'égard de
l'héritier avantagé, l'égalité du partage fait en France,
dans le but de rétablir, autant que possible, cette égalité
au profit de l'héritier lésé dans le partage de la succession prise dans son entier, est une faveur tout exceptionnelle, qui comme toutes les exceptions doit être
rigoureusement restreinte à ceux que la loi appelle à
en profiter ; attendu que du texte de l'art. 2 il résulte
clairement que cet article n'entend accorder qu'à l'héritier français le bénéfice du prélèvement qu'il autorise,...
que cette expression « ceux-ci » employée pour désigner parmi les cohéritiers ceux auxquels le prélèvement
est accordé, ne peut évidemment s'appliquer qu'aux
cohéritiers français dont il est question en dernier lieu,
à l'exclusion des cohéritiers étrangers dont il est parlé
d'abord, et contre lesquels, précisément, le prélèvement
doit s'exercer ; attendu que l'on est irrésistiblement
amené à la même conséquence lorsque de la lettre de la
loi on rapproche l'esprit qui l'a inspirée ; que l'on
comprend, en effet, que le législateur français préoc-

cupé de l'intérêt des régnicoles, que menace une loi sur laquelle il ne peut avoir aucune action directe, ait eu la pensée. de réparer autant qu'il était en lui, à l'égard de l'héritier français, l'injustice à son point de vue, d'une loi étrangère qui ne l'atteint qu'accidentellement et à laquelle il n'est naturellement pas soumis ; mais que la même raison ne lui commandait pas la même réparation à l'égard de l'héritier étranger, qui, si comme le Français, il est atteint dans son intérêt par la loi de son pays, ne peut cependant se plaindre que la loi française le laisse exposé sans protection à toutes les conséquences d'une loi qui est la sienne, qui le régit dans toutes les circonstances de sa vie et des faveurs de laquelle il profite, de même qu'il en subit les inconvénients ; que pour l'étranger la loi de 1819 fait tout ce qu'il était juste de faire en l'admettant par son art. 1ᵉʳ à succéder en France aux mêmes conditions que les Français et qu'elle eût dépassé les exigences de l'équité la plus sévère en étendant sur lui sa protection jusque dans son pays, et en l'autorisant, comme le Français, à s'indemniser en France des inégalités que la loi étrangère lui impose l'obligation de subir. »

Mais, si l'étranger ordinaire ne peut exercer le prélèvement établi par l'art. 2 de la loi de 1819, il n'existe aucune raison pour ne pas en accorder le bénéfice à l'étranger autorisé à fixer son domicile en France, par application des principes généraux. (1) Aux termes de l'art. 13 C. civ.,

(1) V. en ce sens, WEISS. *Op. cit.*, t.II, p. 359 et 360.

cette catégorie d'étrangers est assimilée aux Français pour tout ce qui concerne la jouissance des droits civils ; les droits politiques étant réservés aux seuls Français. Or il est évident que l'avantage qui résulte de l'art. 2 de notre loi ne présente aucun caractère politique, c'est une faculté qui rentre strictement dans la catégorie des droits privés. C'est exagérer par trop la préoccupation d'intérêt national qui a inspiré la disposition dont il s'agit, que d'en refuser le profit à cette classe privilégiée d'étrangers, qui, à tous autres égards, pour le droit de famille et le droit de patrimoine, ne diffèrent en rien des Français.

Sans doute, le législateur de 1819 a eu exclusivement en vue la sauvegarde des droits des Français et le texte de la loi parle des Français seulement. Mais il est bien d'autres dispositions de notre Code civil où il en est également ainsi, notamment l'art. 14 qui apporte une dérogation si grave aux principes ordinaires de compétence et l'art. 16 qui met l'étranger demandeur dans l'obligation de fournir au défendeur français la « cautio judicatum solvi », et personne n'a jamais sérieusement prétendu qu'il fallait exclure l'étranger, autorisé à fixer son domicile en France, du bénéfice de ces deux dispositions.

La même solution doit, à notre avis, prévaloir en ce qui concerne l'art. 2 de la loi de 1819. (1)

(1) V. en sens contraire AUBRY et RAU, t. VI, § 592.

On a fait à cette manière de voir l'objection suivante :
Si vous autorisez dans le cas dont il s'agit, le prélèvement au profit des étrangers, il faudrait les admettre
à l'exercer non seulement contre d'autres étrangers,
mais même contre des Français, conséquence inacceptable, dit-on, qui condamne péremptoirement le système qui y conduit. (1)

On évite facilement cette objection, en décidant
comme nous le ferons plus loin, que dans les relations entre cohéritiers français, il n'y a jamais lieu à
prélèvement.

Il ne suffit pas d'être Français, ou tout au moins,
d'après nous, étranger autorisé à domicile, pour avoir
droit au prélèvement ; il faut encore avoir la qualité
d'héritier. (2) C'est ainsi qu'un Français institué comme
légataire universel dans un testament ne peut pas prétendre exercer un prélèvement sur les biens situés en
France, pour ce motif que le testament régulièrement
établi d'après la loi française est sujet à réduction en
vertu de la loi étrangère pour atteinte à une réserve
admise par cette loi.

Cette question a été soumise aux tribunaux dans l'espèce suivante : un sieur Cazanova, originaire du canton des Grisons, était décédé à Niort, le 8 avril 1885,
laissant en Suisse des immeubles et en France une
maison d'habitation et des valeurs mobilières ; il n'avait

(1) Aubry et Rau. — *Op. cit.*, t. vi, § 592, note 10.
(2) V. en ce sens, Weiss. *Op. cit.*, t. ii, p. 360.

pas l'autorisation de fixer son domicile en France. Comme héritiers légitimes, il avait des frères et sœurs ; mais il avait fait un testament dans lequel il instituait pour légataires universels des Français, les mineurs Nouzille. Ce legs fut réduit, sur les biens situés en Suisse, par application de la loi des Grisons, qui, différente de la nôtre à cet égard, reconnaît une réserve aux frères et sœurs du défunt. Mais les représentants des mineurs Nouzille demandaient l'exécution entière de leur legs sur les biens situés en France. Il n'y avait pas de difficulté pour la maison de Niort, puisqu'aux termes d'une jurisprudence constante les immeubles sont régis par la loi de la situation, en matière successorale, par application de l'art. 3, al. 2, C. civ. Il en était autrement pour les meubles ; le défunt n'ayant pas l'autorisation de fixer son domicile en France, c'était sa loi d'origine qui devait s'appliquer, donc la loi des Grisons, avec la réserve au profit des frères et sœurs. C'est pour en éviter les effets, que les représentants des mineurs Nouzille imaginèrent d'invoquer à l'appui de la solution contraire l'art. 2 de la loi de 1819, le prélèvement devant, dans l'espèce, avoir pour conséquence de leur faire attribuer toutes les valeurs mobilières et d'écarter, pour le tout, les dispositions de la loi étrangère préjudiciables à leurs intérêts. Cette prétention fut accueillie par la cour de Poitiers, dans son arrêt du

4 juillet 1887 (1). Voici les raisons qu'elle donne de cette solution :

« Attendu qu'il est aujourd'hui constant en doctrine et en jurisprudence que le statut personnel de l'étranger, décédé en France, ne régit la dévolution de la succession pour les biens meubles qu'il avait en France, que sous la condition que les droits des Français appelés à cette succession ne seront pas lésés ; attendu, en effet, que la loi du 14 juillet 1819, en édictant dans son article premier que désormais les étrangers succéderaient, disposeraient et recevraient de la même manière que les Français, et en admettant dans son art. 2 les Français à se récupérer sur les biens situés en France du tort que leur cause l'application de la législation étrangère sur les biens étrangers, a clairement indiqué que la loi française doit être préférée à la loi étrangère, dès que les cohéritiers français y trouvent un avantage ; que les discussions parlementaires auxquelles a donné lieu l'élaboration de la loi de 1819 ne laissent aucun doute sur l'esprit qui a présidé à sa rédaction. »

Cet arrêt soumis à la censure de la Cour de cassation a été reformé par la Chambre civile à la date du 11 février 1890 (2), pour des motifs tirés uniquement du

---

(1) Poitiers, 4 juillet 1887. S. 1888. 2. 193 et la note de M. Le Courtois, professeur à Poitiers. — CLUNET, *J. dr. int. pr.*, 1890, p. 300.

(2) CLUNET. — *J. dr. int. pr.*, 1890, p. 299 ; *Gazette du Palais*, 1, 410.

traité franco-suisse du 15 juin 1869. Mais nous croyons
avec la majorité des auteurs, qu'on doit surtout critiquer la décision rendue par la Cour de Poitiers, en se
plaçant sur le terrain des principes, et parce que l'interprétation qu'elle a donnée est erronée.

L'art. 2 de la loi de 1819 se place dans l'hypothèse
d'une succession *ab intestat* et c'est seulement aux héritiers qu'il accorde un prélèvement. Ses termes sont
formels à cet égard, et, en notre matière, ils ont une
importance considérable, puisqu'il s'agit d'une disposition exceptionnelle. L'interprétation rigoureuse s'impose
et ce que la loi concède à l'héritier, il ne convient pas
de l'étendre par voie d'analogie au légataire même universel.

C'est dénaturer complètement l'esprit de la législation
de 1819 que de prétendre que son but a été d'écarter
l'application de la loi étrangère toutes les fois qu'elle
serait moins favorable aux intérêts français que la loi
française et qu'il y aurait avantage pour nos nationaux.
Telle n'a pas été la pensée du législateur, en 1819 ; ce
qu'il voulait, c'était que les héritiers français appelés
par leur statut personnel, en raison de leurs liens de
parenté, à recueillir une succession en concours avec
des cohéritiers étrangers ne fussent pas sacrifiés au
profit de ces derniers par l'application d'une loi étrangère. Mais il n'a pas songé à garantir de simples légataires contre l'inefficacité d'un acte émané d'un défunt
étranger ; puisant leur vocation héréditaire, non dans

la loi française, mais dans la volonté même du testateur
étranger, il est rationnel qu'ils aient à subir pour la
réalisation de cette libéralité les conséquences résultant
de l'application de la loi personnelle de cet étranger. Il
serait excessif de permettre aux légataires français de
s'armer de leur loi nationale pour faire produire à
l'expression de la dernière volonté du *de cujus* plus
d'effets qu'elle n'en pouvait avoir d'après la propre législation de ce dernier, plus d'effets qu'elle n'aurait pu
en produire vis-à-vis d'un de ses propres compatriotes
et même d'un parent de même nationalité que lui. (1)

Il faut appliquer des principes analogues et adopter
une semblable solution au cas de donation. C'est ce
qu'ont décidé dans la même affaire la Cour de Grenoble
par arrêt du 25 août 1848 et la Cour de cassation par
arrêt du 27 août 1850 (2). Un héritier avait reçu du défunt une donation préciputaire qui n'était pas valable
d'après la loi étrangère, pour inobservation d'une règle

(1) Dans ce sens : SURVILLE et ARTHUYS. *Op. cit.*, p, 374, n° 349.
— AUBRY et RAU, t. VI, § 592 et note 13. — WEISS, *Traité élémentaire de dr. int. pr.*, p. 409 (édit. 1885). — Pandectes françaises,
1890, 5ᵉ partie, p. 9, note 1. — WEISS, *Traité élém. de dr. int.
pr.*, p. 113. — DEMOLOMBE, t. XIII, n° 200. — CHAUSSE, *Revue critique*, 1889, p. 248 et s. — Contre Rossi, Encyclopédie. V. aussi
Paris, 6 janvier 1862. D. 1862. 2. 73. Dans cet arrêt il s'agissait
d'un légataire français qui réclamait le bénéfice du prélèvement en raison d'un douaire dont bénéficiait la veuve du défunt
à son détriment sur les biens situés à l'étranger. La Cour de
Paris a refusé d'admettre cette prétention.

(2) Grenoble, 25 août 1848. D. 1849. 2. 248. Cass., 27 août 1850,
D. 1850. 1. 257 ; S. 1850. 1. 647 ; *J. du Palais*, 1851, t. 56, p. 203.

de forme ; il prétendait, cet héritier, s'indemniser du préjudice qui en résultait pour lui en exerçant sur les biens de France un prélèvement d'égale valeur. La Cour d'appel et la Cour de cassation refusèrent, avec raison, d'admettre cette prétention.

# CHAPITRE III



Nous avons toujours supposé, jusqu'ici, que la succession était partagée entre cohéritiers étrangers et cohéritiers français, et que les cohéritiers étrangers étaient avantagés sur les biens étrangers au détriment des cohéritiers français. Dans ce cas, s'exerce le prélèvement de l'art. 2 au profit des Français contre les étrangers ; on se trouve bien dans les termes et dans l'esprit de la loi. C'est bien en vue de cette hypothèse qu'a été établie la disposition dont il s'agit.

Mais faut-il l'appliquer aussi quand la question s'agite entre des cohéritiers français seulement? Convient-il d'accorder à ceux d'entre eux qui sont lésés, par l'application d'une loi étrangère, sur la partie de la succession hors de France, un prélèvement d'égale valeur sur les biens situés en France ? Au premier abord on ne voit pas très bien comment ce résultat peut se produire. Il est donc bon de préciser en se référant aux espèces sur lesquelles la jurisprudence a été appelée à se prononcer dans la pratique. Nous ne citerons que deux cas qui ont donné lieu aux arrêts les plus connus.

Un Français était mort à Bologne, en Italie, laissant une succession composée d'immeubles et d'effets mobiliers situés à Bologne et d'immeubles situés en France. Ses parents les plus proches étaient des neveux et nièces, issus les uns de deux frères, les autres de trois sœurs, décédés avant le défunt, tous français comme lui. Le règlement législatif et judiciaire du pape Grégoire XVI en date du 10 novembre 1834 régissait à ce moment le territoire de Bologne. Or, d'après l'art. 11 de ce règlement, dans les successions des collatéraux mâles, les femmes ainsi que les enfants et descendants de l'un et de l'autre sexe, soit du même degré, soit d'un degré plus rapproché, sont exclus par les mâles agnats, parents du défunt jusqu'au troisième degré.

Les représentants des deux frères du défunt ont demandé et obtenu en Italie l'envoi en possession de toute la succession. De leur côté les neveux et nièces issus des sœurs du *de cujus* ont réclamé sur les biens de France un prélèvement égal à la valeur des biens dont ils étaient privés sur le territoire de Bologne. Cette dernière réclamation fut portée devant le tribunal de Lons-le-Saulnier qui la repoussa par un jugement en date du 31 mars 1865 pour ce motif « que les demandeurs ne sont pas fondés à invoquer le bénéfice de la loi du 14 juillet 1819 inapplicable au cas où tous les cohéritiers sont français ».

La cour de Besançon confirma cette solution pour des raisons analogues (1). Elle déclara « que la loi du 14 juillet 1819 est une loi essentiellement politique et que son but est de favoriser les acquisitions en France par les étrangers ; que le prélèvement autorisé par l'art. 2 est spécial au cas de concours entre cohéritiers français et étrangers ; qu'il peut résulter, il est vrai, de l'application des lois étrangères des inégalités entre cohéritiers tous français, en ce qui touche les biens situés à l'étranger ; mais qu'il ressort de l'exposé des motifs que du moment où ces biens devaient être recueillis par des Français, le législateur n'a pas voulu se préoccuper des inégalités qui résultaient déjà sous l'ancien droit de la diversité de nos coutumes ».

L'affaire fut portée devant la Cour de cassation et le pourvoi aboutit le 27 avril 1878 à la cassation de l'arrêt de Besançon. La Cour de cassation considère que « la disposition de l'art. 2 est générale et absolue. Surtout elle ne comporte pas, avec la diversité des solutions qui lui est propre, la distinction proposée entre le cas où les héritiers français concourent avec les héritiers étrangers et celui où il n'existe que des héritiers français concourant entre eux. Il en résulterait, en effet, que tandis que, par dérogation au droit commun et uniquement pour favoriser l'héritier français, l'héritier étranger serait privé du bénéfice de la loi qui régit la

(1) Besançon, 15 janvier 1868. D. 1868. 1. 302 (sous cass.)

transmission des biens, il arriverait d'un autre côté que cette même loi couvrirait, au contraire, de son immunité, en lui assurant tous les avantages, l'héritier français contre son cohéritier français, ce qui n'irait à rien moins qu'à la négation directe entre eux, à l'occasion d'une succession française, du principe même de l'égalité des partages. La loi précitée, loin de déroger à ce principe, n'en peut être considérée que comme une application nouvelle et extensive. » (1)

Voici une seconde espèce où la question que nous examinons se posait dans des termes semblables, avec cette différence cependant, que tandis que dans le premier cas, il s'agissait de la succession d'un Français, dans l'affaire que nous allons exposer, le débat s'était élevé à l'occasion de la succession d'un étranger.

Une femme de nationalité espagnole, la demoiselle Puig y Thomas, meurt en France, ayant pour héritiers un enfant naturel, le sieur Puig y Thomas et une nièce, la dame Labouré, tous les deux français. La succession se composait principalement de valeurs mobilières déposées entre les mains d'un notaire, à Oran. La défunte n'ayant pas son domicile autorisé en France, d'après une jurisprudence constante, c'était la loi espagnole qui devait régir la dévolution des biens *ab intestat*. Or en Espagne, les collatéraux sont exclus par l'enfant naturel, tandis qu'à cette époque encore, en France, (c'était

<hr>

(1) Cass., 27 avril 1868. D. 1868. 1. 302 ; S. 1868. 1. 257.

avant la loi du 25 mars 1896) les collatéraux avaient un quart de la succession, La dame Labouré ne contestait pas le principe même de l'application, au règlement de la succession, de la loi espagnole ; mais elle soutenait que son application devait être écartée en vertu de l'art. 2 de la loi de 1819. Le tribunal d'Oran fit droit à cette demande et son jugemeut fut confirmé par la cour d'Alger le 30 juin 1896. (1) Cet arrêt s'appuie principalement sur l'état de la jurisprudence et de la doctrine qu'il déclare constante : « Attendu, dit la cour, qu'interrogeant l'esprit de la loi et les travaux préparatoires, elles (la doctrine et la jurisprudence) ont reconnu que, par un a fortiori qui s'impose, les parents français exclus en pays étranger, pourraient exercer le prélèvement autorisé par l'art. 2 précité, à l'encontre d'autres parents français, qu'autrement il arriverait que la loi étrangère, ne pourrait préjudicier au Français lorsqu'il serait en concours avec un étranger, alors qu'elle pourrait le léser lorsqu'il serait en concours avec un Français. »

Ainsi donc, la jurisprudence est fixée en ce sens (2) que le prélèvement appartient au cohéritier français même à l'encontre d'un autre cohéritier français. Il en est autrement de la doctrine, quoi qu'en dise la Cour d'Alger,

(1) CLUNET. — *J. dr. int. pr.*, 1897, p. 372 et suiv.
(2) Consulter encore Tribunal de la Seine, 9 juillet 1892. — CLUNET, *J. dr. int. pr.*, 1892, p. 962.

dans l'arrêt précité. La majorité des auteurs (1) estime au contraire qu'il n'y a pas lieu de faire intervenir l'art. 2 de la loi de 1819 lorsque la succession à liquider ne met en présence que des Français. Cette dernière interprétation nous paraît la meilleure ; elle est la plus conforme à la lettre et à l'esprit de la loi de 1819.

Le texte d'abord est formel. Il suppose le concours de Français et d'étranger ; il dit : « Dans le cas de partage d'une même succession entre des cohéritiers étrangers et français. » En présence de termes aussi précis et aussi clairs, on se demande comment une hésitation a pu se produire, et on reste vraiment étonné que la jurisprudence ait été amenée à une solution qui va directement à l'encontre de l'expression non équivoque de la loi. Cela est d'autant plus étrange en notre matière qu'il s'agit d'interpréter une disposition exceptionnelle et que le respect rigoureux de la lettre du texte s'imposait.

Il est vrai que, pour justifier cette extension, au premier abord inexplicable, la jurisprudence invoque l'esprit de la loi. Mais même à ce point de vue, la solu-

(1) WEISS. — *Traité élem. dr. int. pr.*, p. 410. *Traité théor. et prat. dr. int. pr.*, t. II, p. 361 et 362. — SURVILLE et ARTHUYS, *Op. cit*, n° 349, p. 373. — CHAMPCOMMUNAL, *Op. cit.*, p. 604 et s. — LAURENT, *Principes de droit civil.* t. VIII, n° 559. RENAULT, CLUNET, *J. dr. int. pr.*, 1876, p. 19 à 22. — Voyez cependant DEMOLOMBE, t. XIII, n° 203 *bis*. — AUBRY et RAU, t. VI, p. 277. — Dans le sens de la doctrine voir aussi CLUNET, *J. dr. int. pr.*, 1897, p. 372, une consultation de M. Valéry, professeur à Montpellier ; puis note dans D. 1897. 2. 121. — DESPAGNET, *Précis de dr. int. pr.*, p. 471.

tion qu'elle donne ne saurait être approuvée. Quel est en effet le but de la loi de 1819 ? Dans son art. 1er, elle relève les étrangers de l'incapacité dont ils étaient atteints, en matière successorale, sous l'empire du Code civil ; dans son art. 2 elle apporte à cette réforme libérale une restriction ; pour sauvegarder l'intérêt des Français, qui pourrait être sacrifié au profit des cohéritiers étrangers, par l'application des lois étrangères, elle établit un droit de prélèvement ; mais contre qui ? Evidemment contre le cohéritier étranger, contre celui au profit duquel le bénéfice de l'art. 1er a été établi. Suivant la formule très exacte de M. Renault « pour qu'un héritier subisse le prélèvement dont parle la loi de 1819, il faut qu'il ait eu besoin pour succéder d'invoquer cette même loi. » (1) Du moment qu'il n'y a plus en présence que des Français, la loi de 1819 n'a plus lieu de s'appliquer. L'art. 1er n'a pas besoin d'être invoqué ; dès lors la la restriction contenue dans l'art. 2 n'a plus de raison d'être. L'intérêt national n'est plus menacé, puisque ce que perd un Français un autre le gagne, comme cela se produisait dans notre ancien droit, par suite de la diversité des coutumes, ainsi que le constate dans son arrêt précité la Cour de Besançon ; le prélèvement n'a donc plus de base, il doit cesser de s'appliquer. Tout cela résulte d'une façon évidente des travaux préparatoires de la loi de 1819 auxquels il nous suffit de renvoyer.

(1) CLUNET. — *J. dr. int. pr.*, 1876, p. 16.

Quant à l'argument tiré de l'égalité qui doit exister entre les cohéritiers français et que la Cour de cassation déclare être un principe d'ordre public, il est purement spécieux. Par égalité entre les héritiers la Cour de cassation entend parler du respect de l'ordre successoral établi par le Code civil. Si son argument était exact il ne tendrait à rien moins qu'à faire régir dans tous les cas, par la loi française, la succession même des étrangers ouverte sur l'étendue de notre territoire, solution que personne n'a jamais soutenue et que la jurisprudence elle-même a toujours rejetée.

Concluons donc : le prélèvement établi par l'art. 2 au profit des cohéritiers français ne peut être exercé que contre des cohéritiers étrangers. Il ne peut être invoqué lorsqu'il n'y a en présence que des cohéritiers français.

La même solution doit être admise lorsque les étrangers appelés à la succession en concours avec des Français ont l'autorisation de fixer leur domicile en France. Etant assimilés aux Français au point de vue de la jouissance des droits civils, ils ne peuvent subir dans l'exercice de leurs droits successoraux une restriction à laquelle les nationaux échappent. (1) On peut dire d'eux, comme nous l'avons fait des Français, que n'ayant pas besoin pour succéder en France de se prévaloir de la disposition de l'art. 1 de la loi de 1819, ils ne doivent pas subir la limitation de l'art. 2 qui en est le corollaire.

_______

(1) WEISS. *Traité théor. et prat. dr. int. pr.*, p. 363.

# CHAPITRE IV



Le prélèvement établi par la loi de 1819 ne peut avoir lieu que sur les biens situés en France.

Le texte le déclare formellement ; mais, à défaut de texte, le bon sens aurait imposé cette solution ; il est bien évident que la loi française ne peut étendre son empire au delà des limites de son territoire.

L'application de cette règle aux immeubles ne souffre aucune difficulté ; ils ont une situation matérielle et fixe. Il en est autrement pour les meubles ; ils n'ont pas pourrait-on dire d'assiette propre ; mais par une fiction de la loi ils empruntent la situation de leur propriétaire; ils sont censés se trouver toujours au domicile de ce dernier, quoiqu'en fait et réellement ils se trouvént ailleurs. C'est ce qu'on exprime par ces formules usuelles : « *mobilia sequuntur personam* », « *mobilia ossibus personæ inhærent.* »

Si on avait appliqué ces règles à notre matière on aurait été conduit à refuser le prélèvement sur les meubles de la succession, toutes les fois que le défunt aurait eu son domicile à l'étranger, parce qu'ils n'auraient pu être considérés comme biens situés en France.

C'est la solution qu'a donnée dans une affaire sur laquelle nous avons déjà fourni des détails, la cour de Bordeaux par arrêt du 7 août 1854.

Mais cette décision est isolée ; elle fut infirmée d'ailleurs par arrêt de la Cour de cassation du 29 décembre 1856 (1) que nous avons cité plus haut à un autre point de vue. « Attendu, dit la Cour suprême, que les prélèvements assurés par la loi de 1819 sur les biens situés en France s'étendent à toute nature de biens ; que l'esprit de cette loi, pas plus que son texte n'autorisent une distinction entre les meubles et les immeubles, qu'il n'existe aucun motif pour priver de sa protection l'héritier français dont l'auteur n'a laissé en France que des biens mobiliers ; que lorsqu'elle a parlé de biens situés en France, elle s'est attachée, quant aux meubles comme quant aux immeubles, à leur situation réelle et de fait. »

La même solution avec des considérants identiques se retrouve dans un arrêt antérieur de la Cour régulatrice du 27 août 1850 que nous avons également invoqué, concernant un autre point controversé de notre loi. Il écarte pour les mêmes raisons « la fiction de droit en vertu de laquelle les meubles sont réputés

______

(1) Cass., 29 décembre 1856. D. 1856. 1. 471. S. 1857. 1. 257.

suivre la personne de leur propriétaire et avoir leur assiette au lieu d'ouverture de la succession » (1).

L'arrêt de Poitiers du 4 juillet 1887 que nous avons cité et que nous avons critiqué, pour avoir étendu le bénéfice de l'art. 2 aux légataires, adopte sur la question de l'application de cet article aux meubles la même solution que les autres décisions judiciaires précédemment rendues, mais le raisonnement à l'aide duquel il la motive est différent. « Attendu que peu importe la situation juridique des meubles qu'une fiction de pur droit reporte en pays étranger, puisque, matériellement situés en France, ils sont ressaisis par la loi française, qui les attribue aux cohéritiers français comme une indemnité pour le dommage que le transport fictivement supposé de ces meubles à l'étranger leur fait subir. »

Ce raisonnement est des plus subtils, mais il ne nous semble pas exact. De deux choses l'une, en effet, ou bien la maxime « *mobilia sequuntur personam* » s'applique, ou bien elle ne s'applique pas.

Si elle s'applique, les meubles échappent à tout prélèvement, puisque le prélèvement ne peut porter que sur les biens situés en France ; et on ne pourrait pas le rendre possible, sous forme d'indemnité à attribuer aux cohéritiers français, par application du même art. 2, parce que le préjudice qu'ils éprouveraient « du trans-

_________

(1) Cass., 27 août 1850. D. 1850. 1. 257.

port fictivement supposé de ces meubles à l'étranger »
ne résulterait pas des lois ou coutumes locales étrangères, comme l'exige la loi de 1819, mais d'une règle
de droit universellement admise.

Si la fiction dont il s'agit doit être mise de côté dans
l'interprétation de la loi de 1819, c'est alors seulement
que le prélèvement pourra s'opérer sur les meubles.

Pour toutes les raisons développées plus haut c'est
cette solution que nous proposons d'adopter avec la
jurisprudence et la majorité des auteurs. (1)

Mais toute difficulté n'est pas tranchée une fois qu'on
a décidé le principe du prélèvement sur les meubles. Il
faut encore en régler l'application pour les différentes
catégories de meubles. La chose est aisée pour les
meubles corporels. Seront considérés comme situés en
France, ceux qui effectivement seront sur notre territoire au moment de l'ouverture de la succession. Mais
on peut hésiter en ce qui concerne les meubles incor-
porels, créances, actions et obligations industrielles,
titres d'Etat, etc.

La solution la plus pratique paraît être de considérer comme se trouvant en France toutes les valeurs qui
se trouvent effectivement dans le champ d'action de nos
lois et de nos tribunaux, de telle sorte que les jugements ordonnant un prélèvement au profit d'un cohéritier français sur lesdites valeurs, puissent recevoir leur
pleine et entière exécution, sans se heurter au mauvais

(1) WEISS. *Op. cit.*, t. II, p. 367 et 368.

vouloir d'une autorité étrangère comme à un obstacle insurmontable.

Il en sera ainsi pour les créances lorsque le débiteur aura son domicile en France. Nous en dirons de même des créances dont le débiteur ne sera pas domicilié en France, s'il est étranger, à la condition qu'il ait des biens en France. Car dans ce cas, comme dans le précédent, le tribunal français étant compétent aux termes de l'art. 14 C. civ., le débiteur subira les atteintes de la loi française.

En ce qui concerne les actions et les obligations industrielles, une distinction s'impose. Si elles ont été émises par des sociétés ayant en France leur siège social elles se trouveront atteintes par le prélèvement de l'art. 2, et cela quand même, en fait, les titres qui les constatent seraient à l'étranger. La possession du titre importe peu, en effet; les sociétés françaises seront bien obligées de s'incliner devant la décision d'un tribunal français accordant, à titre de prélèvement, une obligation ou une action, quand bien même l'écrit représentatif de ladite valeur serait retenu à l'étranger. S'il s'agit de sociétés ayant leur siège social à l'étranger, devra-t-on considérer les obligations et les actions de ces sociétés, comme des biens situés en France par cela seul que les certificats qui les constatent sont en France au moment de l'ouverture de la succession ?

Cette question a été tranchée affirmativement par la

jurisprudence dans l'espèce suivante. Le prince Galitzin, sujet russe, était décédé à Paris le 1ᵉʳ février 1853, laissant des neveux, le duc de Caumont Laforce, et la marquise de Terzy, héritiers français représentant leur mère prédécédée et des héritiers étrangers, ses frères. D'après la loi française, les héritiers français devaient recueillir, au lieu et place de leur mère, un quart de la succession, mais d'après la loi russe, les héritiers mâles excluant les femmes en ligne collatérale, ils ne pouvaient rien prétendre sur les biens situés en Russie. Dès lors, le droit au prélèvement sur les biens situés en France s'ouvrait incontestablement à leur profit pour le quart dont ils étaient exclus à l'étranger.

Or, parmi les valeurs inventoriées en France se trouvaient cinq billets ou reçus de la banque impériale de Saint-Pétersbourg, inscrits au nom du défunt et des titres de l'emprunt anglo-russe au porteur. Les héritiers français considérant que ces valeurs étaient situées en France, demandèrent à exercer sur elles leur prélèvement. Leurs conclusions furent accueillies par jugement du tribunal de la Seine et sur appel par la Cour de Paris (arrêt du 26 juin 1854). Sur pourvoi la Cour de cassation se prononça dans le même sens par arrêt du 21 mars 1855. « Attendu que si les tribunaux français sont impuissants pour assurer le paiement de ces valeurs par les banques étrangères à l'héritier français, ils peuvent du moins déclarer qu'elles sont la propriété de celui-ci et ordonner la remise des titres entre ses mains pour les faire valoir ainsi qu'il avisera. » (1)

Cette décision nous paraît crititable et nous nous refusons à l'admettre. D'abord qu'on remarque bien la contradiction qui existe entre cette solution et celle que la jurisprudence donne en ce qui concerne les créances civiles. Les créances civiles sont, par elles-mêmes, considérées comme situées à l'étranger, par cela seul que le débiteur est domicilié en dehors de notre territoire ; il serait logique de se prononcer dans le même sens à l'égard des valeurs de bourses et de les considérer comme ayant leur assiette à l'étranger du moment que c'est à l'étranger qu'est le siège social de la société.

D'ailleurs, à quoi aboutira dans la pratique la solution de la Cour de cassation ? C'est vainement que nos tribunaux ordonneraient la remise des titres dont il s'agit aux mains des héritiers français. La possession de ces titres ne saurait assurer, le paiement des coupons ou du capital, auquel ils peuvent correspondre, de la part des banques étrangères. Celles-ci s'y refuseront toujours par respect pour les lois territoriales auxquelles elles doivent obéissance, sans pouvoir y être contraintes par l'autorité française. N'est-il pas préférable de laisser en dehors de l'application de la loi de 1819 des valeurs que notre législation est impuissante à atteindre efficacement, et de ne pas exposer nos tribunaux à prononcer des sentences qui seront inexécutables en fait ?

(1) Cass., 21 mars 1855. D. 1855. 1. 137.

Pour toutes ces considérations, nous pensons que le prélèvement de l'art. 2 ne pourra porter sur des valeurs mobilières qu'à la condition que les sociétés dont elles émanent aient leur siège en France.

Notons en terminant que les rentes françaises échappent au prélèvement. Un avis du Conseil d'Etat du 31 décembre 1819 avait demandé qu'elles y fussent soumises, mais la solution contraire a prévalu et a fait l'objet d'une note insérée au *Moniteur* du 7 janvier 1820. C'est une disposition de faveur destinée à sauvegarder le crédit de l'Etat français, en n'éloignant pas les capitalistes étrangers de la possession de ces titres. On se souvient peut-être que nous avons signalé une dérogation au droit d'aubaine inspirée par un sentiment analogue, en faveur des rentes sur l'Hôtel-de-Ville.

# CHAPITRE V



## COMMENT S'EXERCE LE PRÉLÈVEMENT

Pour déterminer s'il y a lieu à prélèvement et dans quelle mesure il doit être effectué, on procède de la manière suivante : On fait une masse unique de la succession tout entière en réunissant fictivement les biens situés en France et les biens situés à l'étranger. (1) Car malgré la différence de situation des biens le défunt ne laisse qu'une seule succession.

Ce principe de l'unité de succession qui découle du principe de l'unité de patrimoine est affirmé dans un arrêt de la Cour de Chambéry du 11 juin 1878, et cela en termes exprès. (1).

Cette première opération permet de déterminer la valeur exacte de toute la succession laissée par le *de cujus*. Cela fait, on recherche quelle serait la part des cohéritiers français dans le cas où la succession entière tant à l'étranger qu'en France serait régie par la loi française. On compare ce résultat avec celui que donne le partage normal des biens situés en France et des biens situés

---

(1) WEISS. *Op. cit.* t. II, p. 369.
(2) CLUNET. — *J. dr. int. pr.*, 1878, p. 611.

à l'étranger ; et si de cette comparaison il ressort que le cohéritier français a une part moindre, en définitive, en raison de la situation qui lui est faite, sur les biens hors de France, par la loi étrangère, il pourra exercer un prélèvement d'égale valeur sur les biens de France.

Pour bien fixer les idées reprenons un exemple que nous avons déjà cité plus haut.

Un Italien meurt laissant comme héritiers son père, italien, et son frère, français. La succession se compose d'un immeuble de 100,000 francs en Italie et d'un immeuble de 50,000 francs en France. Si on appliquait à la succession tout entière la loi française, le sort des cohéritiers serait ainsi réglé : le frère aurait les trois quarts de l'immeuble d'Italie, soit 75,000 francs et les trois quarts de l'immeuble de France, soit 37,500 francs, en tout 112,500 francs. Mais d'après la loi italienne, sur les biens situés en Italie, il ne recevra qu'une part égale à celle du cohéritier italien soit 50,000 francs qui joints aux 37,500 francs que lui donnerait l'application de la loi française, porterait sa part à 87,500 francs. En comparant le résultat de cette dernière opération à celui de la précédente, il apparaît nettement que l'héritier français est lésé de 12,500 francs. Il aura le droit de prélever cette valeur sur l'immeuble situé en France.

Le procédé de liquidation que nous venons d'indiquer est suivi d'une façon constante par la jurisprudence. Il a été affirmé dans un grand nombre d'arrêts. Nous citerons notamment l'arrêt de Grenoble du 25 août 1848, (1) que nous avons déjà signalé. « Attendu, dit cet arrêt, qu'il résulte de là (de l'art. 2 de la loi de 1819) la nécessité de former fictivement une masse des deux successions régies séparément par la loi du pays où les biens sont situés, à cette fin seulement de déterminer la valeur dont l'héritier français a été privé en vertu des lois et coutumes locales, pour qu'il puisse exercer un prélèvement équivalent sur les biens de France. »

Même solution formulée dans l'arrêt de Chambéry, précité, du 11 juin 1878 : « Attendu que pour déterminer les conditions et les limites dans lesquelles peut être exercé le droit de prélèvement que l'art. 2 de la loi du 14 juillet 1819 accorde à l'héritier français appelé à concourir avec des cohéritiers étrangers au partage d'une même succession, il y a tout d'abord lieu d'évaluer d'une manière générale l'importance de cette succession tout entière, sans distinguer entre les biens situés en France et ceux situés à l'étranger ; qu'en effet aux yeux de la loi française il n'y a d'abord qu'une seule et même succession dont l'évaluation totale peut seule permettre de résoudre les questions relatives aux rapports, à la quotité disponible et à la réserve en vue de l'application de la loi de 1819 précitée. »

L'application de cette règle est aisée lorsqu'il n'y a en présence de l'héritier français qu'un autre héritier

---

(1) Grenoble, 25 août 1848. S. 1849. 2. 257. — Chambéry, 11 juin 1878. — CLUNET, *J. dr. int. pr.*, p. 611.

étranger, comme dans l'exemple que nous avons choisi, ou que tous les cohéritiers étrangers sont également avantagés par la loi étrangère. Mais que décider lorsque parmi les cohéritiers étrangers qui concourent avec le Français, au partage de la succession, les uns sont avantagés, les autres, au contraire, sont lésés comme le Français lui-même par suite de l'application de la loi étrangère ?

Ainsi par exemple le défunt laisse six descendants pour lui succéder, et il dispose au profit de l'un d'entre eux, de nationalité étrangère, d'une partie de sa fortune supérieure au quart, conformément à la loi étrangère, mais contrairement à la loi française.

En pareil cas le Français peut-il exercer son prélèvement sur les biens de France indistinctement et à l'encontre de tous les cohéritiers étrangers, ou bien au contraire ne peut-il l'invoquer qu'à l'encontre du cohéritier avantagé et sur sa part seulement ? C'est cette dernière solution qu'il convient d'adopter. (1) Les raisons en sont déduites avec beaucoup de force dans un arrêt auquel nous avons déjà fait des emprunts, rendu par la cour de Paris le 4 août 1862. La cour fait observer que si on exerçait le prélèvement « sur les biens situés en France, jusqu'à complète satisfaction des droits de l'héritier français sur toute la succession située tant en France qu'à l'étranger », il « arriverait fréquemment que l'héritier non français serait complètement exclu de la

(1) WEISS. *Op. cit.*, t. II, p. 369.

succession et on abolirait ainsi à son préjudice l'art. 1
de la loi de 1819. » Ce résultat serait absolument contraire au vœu du législateur de 1819 ; on évite cette
conséquence en adoptant la solution que nous donnons.
« En effet elle assure à l'héritier étranger sa part légitimaire sur les biens situés en France, exécutant ainsi
l'art. 1ᵉʳ de la loi, en lui maintenant son droit de succéder de la même manière que les nationaux, et d'autre
part elle attribue également à l'héritier français à titre
de prélèvement la part du successible favorisé par la
loi étrangère, qui retient en vertu des lois et coutumes
locales les biens situés hors de France. » On aboutit
ainsi à une conciliation heureuse des deux articles de
la loi de 1819 ; « l'héritier étranger exerce son droit héréditaire conformément à l'art. 1ᵉʳ... et l'héritier français
profite seul du prélèvement, conformément à l'art. 2 de
la même loi qui se trouve ainsi complètement exécu-
tée... De la sorte, celui qui profite des lois et coutumes
locales étrangères, pour retenir les biens placés hors
du territoire... est seul, par droit de réciprocité, privé
de sa part dans les biens situés en France ;... cette compensation complètement équitable à son égard n'est
point ainsi étendue à l'héritier légitimaire étranger
qu'elle aurait pour conséquence de chasser à la fois de
la succession en France et hors de France. » (1)

Dans le même sens, on peut citer l'arrêt de la Cour
de cassation rendu dans même affaire le 29 juin 1863 ; (2)

(1) Cass., 29 juin 1863. D. 1863. 1. 419. — S. 1863. 1. 393.
(2) *Loc. cit.*

l'arrêt de la cour de Grenoble du 25 août 1848 (1); de la Cour de cassation du 27 août 1850 (2).

L'application de ce mode de computation offre cependant un inconvénient grave, c'est d'exposer le cohéritier français à ne pas être indemnisé complètement. Cela se produira lorsque la part qui revient sur les biens de France au cohéritier étranger avantagé n'est pas suffisante pour parfaire le montant intégral du prélèvement auquel le Français aurait droit de prétendre; mais ce résultat est inévitable.

On a bien essayé d'y parer en accordant dans ce cas au cohéritier français une créance en indemnité contre le cohéritier étranger avantagé (3), créance qui lui permettrait d'atteindre par une poursuite personnelle les biens de la succession que le cohéritier étranger aurait recueillis hors de France. Mais une pareille proposition n'est admissible ni au point de vue de la loi de 1819, ni sous le rapport des principes, ni même au point de vue purement pratique. (4)

Au point de vue de la loi de 1819 ; car l'art. 2 accorde au cohéritier français un droit de « prélèvement », ce qui correspond à une action réelle devant s'exercer sur des biens et ne peut se transformer en un recours contre la personne même du cohéritier étranger.

(1) Grenoble, 25 août 1848. S. 1849. 2. 257.
(2) Cass., 27 août 1850. S. 1850. 1. 647. Rapp. Cass., 20 mai 1879. — CLUNET. — *J. dr. int. pr.*, 1879, p. 490. S. 1881. 465.
(3) ROSSI. — *Encycl. du droit*, v° Aubaine, n° 20.
(4) En ce sens, WEISS. *Op. cit.* t. II, p. 368.

Au point de vue des principes généraux, la créance en indemnité qu'on voudrait reconnaître à l'héritier français n'aurait aucune base juridique. On ne pourrait la faire découler de l'art. 1382 du Code civil. Car l'application de cet article, relatif au délit ou au quasi-délit civil, suppose une faute ou tout au moins une imprudence de la part de celui auquel on l'oppose. Ce qui n'est pas le cas dans notre espèce, puisque l'héritier français éprouve un préjudice du fait de la loi étrangère et non du fait personnel du cohéritier étranger.

Enfin, au point de vue pratique le principe de l'indemnité n'aboutirait à aucun résultat. Il n'est pas douteux, en effet, que l'héritier français obligé de s'adresser aux tribunaux étrangers pour obtenir satisfaction se heurterait de la part de ces tribunaux à une fin de non recevoir qui n'aurait rien que de naturel.

# CHAPITRE VI

DE L'INFLUENCE DU DROIT DE PRÉLÈVEMENT SUR LE
CONFLIT DES LOIS.

En faisant le commentaire de l'art. 1$^{er}$ de la loi de 1819,
nous avons cherché à démontrer que la disposition
qu'il contenait n'avait pas pour objet de déterminer les
règles à suivre pour les conflits de lois en matière de
succession ; que son but était seulement de régler une
question de condition des étrangers en France, en leur
accordant la plénitude de capacité à cet égard, et que
c'était de cette façon qu'il fallait entendre les expressions « de la même manière que les Français» employées
par la loi.

L'art. 2 de notre loi n'a pas d'avantage été édicté en
vue de faire connaître quelle loi devait régir les successions en France, si ce devait être une loi étrangère
ou la loi française. Mais par le droit de prélèvement
que cet article établit, il aboutit à cette conséquence
qu'il influe d'une façon importante, quoique indirecte,
sur la question du conflit des lois, pour laquelle il n'a
pas été fait.

On a pu déjà s'en rendre compte par les développements qui précèdent ; le moment est venu de le faire apparaître d'une façon précise.

Pour cela, il convient de rappeler à grands traits les règles adoptées par la jurisprudence et que la plupart des auteurs ont consacrées, sauf quelques divergences, pour le règlement du conflit des lois en matière successorale. On distingue les meubles et les immeubles.

Les immeubles sont régis par la loi de leur situation, « *lex rei sitæ* » par application de l'art. 3, al. 2, C. civ.

En ce qui concerne les meubles, on applique la loi du domicile du défunt, donc la loi française, si le défunt a l'autorisation de fixer son domicile en France, en vertu d'une décision gouvernementale ; la loi étrangère, si le défunt n'a pas en France son domicile autorisé.

Quant à la compétence des tribunaux, ceux de France seront compétents pour toutes les opérations de la liquidation, si le défunt a en France, soit son domicile de droit, c'est-à-dire un domicile autorisé, soit son domicile de fait, c'est-à-dire un domicile non autorisé.

Nous allons voir quelques-unes de ces règles abandonnées par l'effet de notre article 2.

D'abord, à l'égard des immeubles de la succession situés en France, c'est bien en principe, la loi française sur la dévolution héréditaire des biens qui s'applique, mais la part qui reviendrait normalement aux héritiers étrangers dans les immeubles français pourra se trouver entamée et pourra même disparaître complètement, par suite du prélèvement que l'héritier français pourra exercer en vertu de notre art. 2, en raison des exclusions dont il est victime à l'étranger.

Pour la partie purement mobilière de la succession, l'altération des règles ordinaires du conflit des lois est plus apparente et plus grave encore.

Lorsque le défunt n'a pas en France son domicile avec l'autorisation du gouvernement français, la loi étrangère devrait régir souverainement la dévolution des biens, mais la loi de 1819 s'y oppose dans la mesure de la règle du prélèvement qu'elle établit. Il est fait ainsi échec à la loi étrangère au profit de la loi française.

Et, lorsque le défunt avait en France son domicile autorisé, comme pour les immeubles situés en France, il y a dérogation aux principes ordinaires du conflit des lois, en ce que le cohéritier étranger ne recueillera la part d'héritage que lui reconnaîtrait la loi française, que sous la réserve du prélèvement établi par l'art. 2 au profit du cohéritier français.

Nous avons rencontré une dérogation plus grave encore aux règles essentielles du droit international privé.

Il est de principe absolu, dans cette branche du droit, que la capacité des personnes est toujours régie par la loi nationale ; c'est la règle du statut personnel, aussi vieille que la question même du conflit des lois. Or, nous avons vu qu'il était porté atteinte à cette règle. Nous avons reconnu, en effet, avec la jurisprudence, que le prélèvement de l'art. 2 devait être accordé aux cohéritiers français dans le cas où le défunt mineur aurait disposé à leur détriment, conformément à sa loi personnelle, d'une part de la succession supérieure à celle dont il peut disposer d'après l'art. 904 du Code civil. (1)

Enfin, au point de vue de la compétence des tribunaux, l'application de l'art. 2 est encore une source de dérogations au droit commun. Toutes les fois qu'il y aura lieu d'appliquer les dispositions de cet article, les tribunaux français seront compétents à l'exclusion des tribunaux étrangers, qu'il s'agisse d'immeubles ou de meubles, et, dans ce dernier cas, sans qu'il y ait à distinguer si le défunt avait ou n'avait pas en France de domicile de droit ou de fait. La jurisprudence s'est prononcée à plusieurs reprises dans ce sens, sur ce point. (2)

(1) V. Cass., 29 décembre 1856, cité *supra*. D. 1856. 1. 471.
(2) V. notamment l'arrêt de Cass. du 21 mars 1856, précité.

# CHAPITRE VII



La législation française n'est pas la seule qui ait pris
soin de sauvegarder par un droit de prélèvement l'intérêt de ses nationaux dans le règlement des successions
au point de vue international. Quelques législations
étrangères renferment des dispositions analogues. Il
en est ainsi : en Belgique, en Hollande, dans le grand
duché de Bade, au Chili et dans la République Argentine.

En Belgique, la loi du 27 août 1865, qui a reconnu
aux étrangers une capacité pleine et entière, réserve
aux nationaux un avantage analogue au droit que
l'art. 2 de la loi de 1819 accorde aux Français. La loi
belge accorde aussi un droit de prélèvement aux Bel-
ges; les dispositions des deux lois, belge et française,
sont même tout à fait identiques.

En Hollande, on rencontre une règle semblable dans
la loi du 7 avril 1869, ainsi conçue : « ...Dans le cas de
partage entre Néerlandais et étrangers, d'une succession qui comprend des biens se trouvant dans les Pays-

Bas et d'autres à l'étranger, les cohéritiers néerlandais prélèvent dans la proportion de leur part, une valeur égale à celle des biens dont ils seraient exclus par les lois et coutumes étrangères. » La portée de cette loi n'est pas aussi étendue que celle de notre art. 2, d'après l'interprétation que les auteurs en ont donnée. D'après eux le prélèvement ne serait possible que dans le cas où l'exclusion des Néerlandais aurait pour cause, sur les biens situés à l'étranger, leur extranéité ; il ne s'appliquerait pas lorsqu'elle résulterait des dispositions de la loi étrangère qui régissent les nationaux mêmes du pays (1).

Dans le grand duché de Bade, la loi du 4 janvier 1864 porte : « Lorsqu'une partie des biens d'une succession ou d'une donation se trouve dans le pays et une autre partie à l'étranger, et que les nationaux sont exclus de cette dernière en leur qualité d'étrangers, il retiennent un dédommagement égal sur les biens situés dans le pays et revenant aux étrangers qui les excluent. » Cette loi, comme la loi hollandaise, du moins en se conformant à l'interprétation doctrinale qui en est donnée, contient une disposition moins radicale que la loi française.

Au Chili, l'art. 998 du Code civil dit : « En cas de succession *ab intestat* d'un étranger décédé au Chili ou hors du Chili, les Chiliens auront à titre d'héritiers

(1) V. *Revue de droit international,* 1869, p. 630.

ou en ce qui concerne la part du conjoint survivant et les aliments, les mêmes droits que les lois chiliennes leur reconnaissent sur les biens du Chilien mort *ab intestat*. Les Chiliens y intéressés pourront demander qu'on leur adjuge sur les biens d'un étranger situés au Chili toute part qui leur revient dans la succession de cet étranger. Cette même règle sera appliquée, dans le cas où la nécessité en sera reconnue, à la succession d'un Chilien ayant laissé des biens en pays étranger. »

D'après les commentateurs du code chilien, le droit de prélèvement résultant de cet article s'appliquerait même au cas où l'exclusion du Chilien à l'étranger ne résulterait pas de son extranéité, mais du régime successoral étranger. Il ne peut être invoqué que par les nationaux, mais il se produirait même au cas où le partage de la succession ne mettrait en présence que des Chiliens. (1)

Dans la République Argentine, le règlement des successions a lieu suivant la loi du domicile du *de cujus*, sans avoir égard à la nature des biens qui les composent. L'art. 3470 C. civ. apporte à ce principe une dérogation. « En cas de division de la succession entre héritiers étrangers et Argentins, ou entre étrangers sans domicile et étrangers avec domicile dans la République, ces derniers recevront des biens situés dans celle-ci une part égale à la valeur des biens situés en pays

_______________

(1) CLUNET. — *J. du dr. int. pr.*, 1887, p. 298 et suiv.

étranger dont ils seraient exclus en vertu des lois ou coutumes des pays où aura lieu l'ouverture de la succession. » (1)

Ce texte paraît des plus larges et il semble bien qu'il y ait lieu de l'appliquer, quelle que soit la cause de l'exclusion sur les biens situés à l'étranger, soit l'extranéité, soit le régime de dévolution successorale admis par la loi étrangère.

(1) CLUNET. — *J. du dr. int. pr.*, 1886, p. 287 et suiv. — *Condition légale des étrangers dans la République Argentine*, par M. Daireaux.

# CHAPITRE VIII



A notre connaissance, il n'existe pas de traités conclus par la France avec des Etats étrangers qui contiennent une clause formelle excluant à l'égard de leurs nationaux les dispositions de l'art. 2 de la loi de 1819. Mais la France a signé avec un grand nombre d'Etats des conventions diplomatiques accordant réciproquement aux ressortissants des puissances contractantes la pleine capacité en matière successorale. On s'est demandé s'il résulte de cette stipulation l'abolition du droit de prélèvement.

La question s'est principalement posée en pratique pour la Suisse, l'Espagne et l'Autriche, et nous allons l'étudier au point de vue de ces trois Etats. Mais les solutions que nous donnerons à leur égard, pourront aussi bien s'appliquer, par identité de motifs aux autres Etats envers lesquels la France a pris des engagements analogues (1).

---

(1) Notamment avec le Chili, 11 septembre 1846 ; avec les Etats-Unis, 23 février 1853.

La France a signé plusieurs conventions avec la
Suisse, le 19 août 1798, le 27 septembre 1803, le 19 juillet 1828, le 15 juin 1869, relativement à la compétence
des tribunaux et à l'exécution des jugements sur le territoire respectif des deux Etats. C'est à propos du traité
du 19 juillet 1828 que l'on a tout d'abord soutenu que
l'art. 2 de la loi de 1849 avait été écarté dans les rapports des cohéritiers français et suisses. On prétendait
faire résulter cette abrogation de l'art. 3 de ce traité
portant, à charge de réciprocité, que les tribunaux du
dernier domicile, en Suisse, du Suisse décédé en France
connaîtraient des contestations pouvant s'élever entre
ses héritiers. Cette thèse fut une première fois soumise
au tribunal de la Seine dans l'affaire Vanoni contre
Moineau, dont nous avons eu à parler plus haut sous
un autre rapport. Le tribunal, par un jugement en date
du 17 avril 1857, repoussa cette prétention : « Attendu,
dit le tribunal, qu'il résulte clairement du préambule et
des diverses dispositions de ce traité dont l'art. 3
ne fait que reproduire textuellement l'art. 10 de celui du
19 août 1798, qu'il n'a d'autre but que celui de ce même
traité, à savoir faciliter l'exercice en justice, entre les
deux Etats, en réglant entre eux les cas de compétence
et de juridiction ; qu'il ne saurait déroger à la loi du
14 juillet 1819 qu'autant qu'il contiendrait une clause
formelle d'abrogation et que ses dispositions seraient
inconciliables avec cette loi ; qu'il est constant qu'aucune clause de cette nature n'existe dans le traité ; qu'il

n'est pas moins évident d'un autre côté que les dispositions de ce traité... ne sauraient faire obstacle à ce que
la loi du 14 juillet 1819 reçoive son application sur les
biens situés en France, lorsque par le partage de la
succession opéré d'après les lois du canton suisse, le
cohéritier français se trouve exclu d'une partie des biens
situés dans ce canton ; que les dispositions du traité et
de la loi française se concilient parfaitement; que les
contestations sur lesquelles les tribunaux suisses sont
appelés à statuer par ce traité peuvent avoir des causes
multiples et qu'on ne saurait dire qu'en le subordon-
nant dans son application à la loi de 1819 il devient pour
le canton du Tessin une lettre morte. » Sur appel, la
cour de Paris rendit un arrêt confirmatif, le 9 août 1858,
avec adoption des motifs des premiers juges. Sur pourvoi la Cour de cassation se prononça dans le même sens
par arrêt du 18 juillet 1859 (1): « Attendu, dit cet arrêt,
que l'art. 3 du traité du 18 juillet 1828 intervenu entre
la France et la République Helvétique n'a eu pour objet
que de déterminer les juridictions dans les cas énoncés
et la compétence des tribunaux français ou étrangers,
mais qu'il ne statue, ni ne préjuge en rien sur le fond
du droit. »

Une discussion analogue s'est élevée à l'occasion du
traité franco-suisse du 15 juin 1869. L'art. 5 de ce traité
est ainsi conçu : « Si dans les partages des successions

_______________

(1) Cass., 18 juillet 1859. D. 1859. 1. 325.

auxquels des étrangers sont appelés concurremment avec les nationaux, la législation de l'un des deux pays accorde à ces nationaux des droits et avantages particuliers sur les biens situés dans ce pays, les ressortissants de l'autre pays, pourront, dans les cas analogues, revendiquer de même les droits et avantages accordés par la législation de l'Etat auquel ils appartiennent. »

Dans l'affaire Cazanova-Nouzille dont nous avons déjà relaté les détails, à propos d'un autre point de la loi de 1819, la question fut soulevée devant la Cour de cassation, de savoir si cet art. 5 n'avait pas eu pour effet d'abroger à l'égard des Suisses la disposition de l'art. 2 de cette même loi. Le procureur général Ronjat, dans ses conclusions se prononça formellement dans le sens de l'affirmative ; pour lui l'art. 5 du traité franco-suisse est inconciliable avec la disposition de l'art. 2 de la loi de 1819. La Cour de cassation, suivant d'ailleurs à cet égard, l'exemple de la cour de Poitiers dont la décision lui était soumise, évita de se prononcer sur cette question. Elle rejeta le droit de prélèvement qui était réclamé par les légataires et réforma l'arrêt de Poitiers qui l'avait admis en se fondant sur d'autres considérations de la cause que nous avons précédemment exposées. (1)

A notre avis, l'opinion du procureur général Ronjat est formellement contredite par l'étude des circonstances qui ont accompagné la rédaction du traité de 1869.

(1) Voir *supra*. Poitiers, 4 juillet 1887 et Cass., 11 février 1890.

Au cours des négociations la question fut agitée de savoir si l'art. 2 de la loi du 14 juillet 1819 serait maintenu en vigueur à l'égard des Suisses concurrement appelés à la succession avec des héritiers français. Le gouvernement suisse exprima le vœu que cette disposition fût écartée. Mais le gouvernement français refusa de s'engager dans cette voie en faisant observer qu'il ne pouvait par un traité abroger une loi faite en faveur du Français.

Le message fédéral du 28 juin 1869 confirme cette manière de voir : « Les tribunaux français, dit le document, ayant déclaré que cette loi était restée en vigueur à côté du traité de 1828 et qu'elle était également applicable vis-à-vis de la Suisse, et des conflits ayant surgi, nous espérions obtenir, à l'occasion de la révision du traité, une position claire sur ce point comme sur d'autres. Nous demandâmes au gouvernement français, déjà dans les premières négociations de 1863, que pour le partage des successions il voulût bien reconnaître, sans réserves, à son choix, ou la loi du pays d'origine, ou celle du lieu du domicile du défunt. Mais dès les négociations préliminaires, on nous déclara qu'il était impossible d'abroger la loi de 1819... Les délégués français déclarèrent de la manière la plus positive qu'il était absolument impossible à leur gouvernement d'enlever aux Français les avantages que leur assurait formellement le Code civil... que cette loi avait été maintenue et appliquée par le gouvernement français vis-à-vis de tous les autres pays ; enfin, que son application à la Suisse avait été formellement constatée par un arrêt de la Cour de cassation et était devenue par cela même de jurisprudence française. »

En présence de déclarations aussi fermes, le doute n'est pas permis. Il paraît certain que la loi de 1819 art. 2 n'a pas cessé de s'appliquer aux Suisses. (1)

Le traité franco-espagnol du 7 janvier 1862, a donné lieu à une difficulté analogue en raison de son art. 6 qui porte : « Les sujets des deux Etats pourront disposer à leur volonté par donation, vente, échange, testament ou de tout autre manière, de tous les biens qu'ils posséderaient dans les territoires respectifs et retirer intégralement leurs capitaux du pays. De même les sujets de l'un des deux Etats habiles à hériter de biens situés dans l'autre, pourront sans empêchement prendre possession des biens qui leur seront dévolus *ab intestat*. »

On a prétendu que ce texte avait eu pour conséquence d'abroger à l'égard des Espagnols en France, la dispo-

---

(1) A cette déclaration en présence de laquelle le doute est matériellement impossible et qui conduit à affirmer que le traité franco-suisse de 1869 n'a pas abrogé l'art. 2 de la loi de 1819, on peut ajouter que le texte même du traité, pris tel qu'il est, littéralement conduit à la même solution. — Consulter sur cette question la consultation de M. Lainé reproduite dans la *Revue pratique de droit international privé*, 1890-91. 1. 305. — BROCHER, *Commentaire théorique et pratique du traité du 15 juin 1869 sur la compétence judiciaire et l'exécution des jugements*, p. 52. — Note de M. Le Courtois dans Sirey, 1888. 1. 193. — WEISS. *Traité théor. et prat. dr. int. pr.*, t. II, p. 365.

sition de l'art. 2. Cette solution a été proposée par des auteurs considérables ; (1) elle a même été accueillie par la cour d'Alger dans son arrêt du 30 juin 1896, précité, à l'aide de considérants dont la teneur se résume ainsi : « Attendu qu'aux termes de l'art. 2 du traité international conclu entre l'Espagne et la France le 7 janvier 1862, promulgué en Algérie le 18 mars suivant, les Espagnols en France et les Français en Espagne jouissent d'une protection absolue pour leurs biens ; d'où il suit que les Espagnols jouiront en France de tous les droits civils attachés à la qualité de Français. » (2)

Nous refusons de partager cette manière de voir. Le texte du traité de 1862 n'est pas assez explicite pour qu'on puisse l'interpréter dans le sens de l'abrogation de l'art. 2 de la loi de 1819.

D'ailleurs, le fait de cette abrogation serait bien invraisemblable à l'époque où cette convention a été signée, au lendemain de l'arrêt de la Cour de cassation de 1859 affirmant le maintien du droit de prélèvement malgré la convention franco-suisse de 1828 et à l'époque même où dans les négociations préliminaires, en vue de remanier cette dernière convention, les représentants de la France se déclaraient impuissants à supprimer

(1) V. Renault, Clunet, *J. dr. int. pr.*, 1876, p. 18. — Weiss, *Trait. théor. et prat. de dr. int. pr.*, t. ii, p. 365 et 366. — Surville et Arthuys, *Op. cit.*, n° 349, p. 376. — Consultation précitée de M. Valéry. — J. Clunet, 1897, p. 372 et suiv. — Pic sous Amiens, 26 novembre 1891. D. 1892. 2. 428.

(2) *Loc. cit.*

par voie de simple accord international une règle sanctionnée par une loi.

C'est pour des motifs analogues que nous allons aboutir à une conclusion semblable en ce qui concerne le traité franco-autrichien du 11 décembre 1866. Dans son article premier il dit : « Les sujets des deux hautes parties contractantes pourront disposer par testament, legs, donation ou autrement, de tous les biens qu'ils posséderaient dans les territoires des Etats respectifs. Ils seront habiles à recevoir de la même manière que les nationaux les biens, situés dans l'autre pays, qui leur seraient dévolus à titre de donation, legs, testament ou même par succession *ab intestat* et lesdits héritiers ou légataires ou donataires ne seront pas tenus à acquitter des droits de succession ou mutation autres ni plus élevés que ceux qui seraient imposés dans des cas semblables aux nationaux eux-mêmes. Ils auront la faculté de faire dresser leurs dispositions de dernière volonté par les consuls ou chanceliers de leur nation. »

On a soutenu que cet article avait supprimé à l'égard des Autrichiens l'exercice du droit de prélèvement. L'égalité que proclame cette convention entre les ressortissants des parties contractantes serait, dit-on, illusoire si le prélèvement subsistait à leur égard ; ils ne succéderaient plus de la même manière que les nationaux. (1)

---

(1) Dans ce sens, WEISS, *Trait. élém. de dr. int. pr.*, p 123. — RENAULT, CLUNET, *J. dr. int. pr.*, 1876, p. 16.

L'opinion contraire nous paraît préférable. Le traité franco-autrichien a été négocié à peu près à la même époque que le traité avec l'Espagne et le traité avec la Suisse. Il est naturel de penser qu'il a été élaboré dans le même esprit, de la part des plénipotentiaires français. Il est logique de supposer que les concessions qu'ils se déclaraient dans l'impossibilité de faire aux uns, ils n'aient pas consenti à les accorder aux autres. A nos yeux la disposition de l'article premier du traité franco-autrichien n'est que la reproduction surabondante de l'article premier de la loi de 1819 dont elle emprunte les termes presque textuellement ; elle n'a d'autre objet que de garantir réciproquement les ressortissants des deux Etats contractants contre un revirement législatif fâcheux dans le sens d'un retour aux traditions de l'aubaine. Elle passe sous silence le droit de prélèvement établi par la loi de 1819. Or on ne peut raisonnablement admettre qu'une règle aussi considérable ait pu être abrogée tacitement, par simple prétérition. Il n'est pas douteux que, si les négociateurs du traité de 1866 avaient eu en vue sa suppression, ils s'en seraient exprimés en termes autrement formels et dégagés de toute équivoque.

C'est l'interprétation qu'a donnée sur la question le tribunal de Vervins dans un jugement du 19 mars 1891. (1)

_______

(1) *Revue prat. de dr. int. pr.*, 1890-91. 1. 297, où se trouve relatée la consultation conforme de M. Lainé. — *Journal de Vervins*, 19 mars 1891.

Il s'agissait dans l'espèce d'un enfant naturel français appelé à la succession de son père concurrement avec des collatéraux d'origine autrichienne. L'enfant naturel, exclu du partage des biens situés en Autriche d'après la loi autrichienne, demandait à exercer son prélèvement sur les biens de France conformément à l'article 2 de la loi de 1819. C'est avec raison que cette prétention a été accueillie favorablement, malgré l'objection que les cohéritiers autrichiens prétendaient tirer de la convention de 1866.

Nous aboutissons donc à cette constatation que, dans l'état actuel, il n'existe aucun traité qui écarte l'exercice du droit de prélèvement de l'art. 2 de la loi du 14 juillet 1819, à l'égard des étrangers.

## CONCLUSION

Maintenant que nous avons terminé l'étude de la condition des étrangers en France, au point de vue successoral, nous pouvons nous rendre compte du chemin parcouru depuis l'ancien droit jusqu'à nos jours, apprécier la législation en vigueur et augurer des réformes de l'avenir.

L'histoire nous a montré que le sort des étrangers avait été sans cesse en s'améliorant jusqu'à la rédaction du Code civil. De serfs qu'ils étaient d'abord au Moyen-Age, ils avaient été reconnus hommes libres, capables d'avoir un patrimoine, de fonder une famille, et admis d'une façon générale à la jouissance de toutes les facultés du « *jus gentium* ». Mais leur ancien état de servage supprimé de leur vivant les ressaisissait au lit de mort avec tout son cortège d'incapacités. Le roi ou le seigneur s'emparait à ce moment de la succession qu'ils laissaient ou de celle qui leur était destinée, soit par droit d'aubaine, parce qu'ils ne pouvaient pas transmettre, soit par droit de déshérence parce qu'ils ne pouvaient pas recueillir. Ce régime illogique et inhumain se

maintint jusqu'à la fin de l'ancien droit, avec des exceptions nombreuses, des privilèges importants, remplacé même, à l'égard de bien des Etats, par un système d'incapacité plus atténué, celui du droit de détraction.

La Révolution, qui avait libéré les serfs, qui avait
libéré la terre, libéra aussi les étrangers en supprimant
toute trace de droit d'aubaine, de droit de déshérence, de
droit de détraction. Dans un grand élan d'humanité, de
justice et de fraternité pour les peuples, elle proclama
l'égalité des nationaux et des étrangers au point de
vue de la jouissance des droits privés. Par un premier
décret, elle abolit le droit d'aubaine et le droit de détraction ; puis, de peur que sa pensée ne fût mal comprise,
ne fût dénaturée ou restreinte dans ses effets, elle rendit un second décret pour l'éclairer et la compléter.

Il semblait, dès lors, que le terme de l'évolution fût
arrivé.

Il n'en fut rien, cependant. Sous l'influence des événements politiques, les pensées généreuses des hommes
de la Révolution avaient peu à peu fait place à des idées
nouvelles, plutôt d'hostilité que de générosité, plutôt
de calcul que de justice vis-à-vis des Etats étrangers
avec lesquels la France était en guerre continuelle.
Rédigé sous l'empire de ces sentiments, le Code civil fit
œuvre de réaction. Mais n'osant pas revenir purement
et simplement aux errements de l'ancien droit, il adopta
un régime intermédiaire ; il ne supprima pas en droit

la capacité de transmettre, mais il frappa l'étrange[r] de l'incapacité de recueillir, tempérée par la règle de la réciprocite diplomatique. En apparence, la situation faite à l'étranger était meilleure que dans notre ancien droit, en sorte que, s'il y avait eu recul sur la Révolution, il y avait tout de même progrès sur le droit monarchique. Cela n'était vrai qu'en partie ; à certains égards, nous avons vu que les résultats de l'ancienne législation étaient préférables et pouvaient la faire regretter; car si l'ancien droit d'aubaine n'était pas rétabli en fait, il pouvait renaître de ses cendres, sans même les atténuations qu'il comportait autrefois.

On sait quelles furent pour la France les conséquences désastreuses de cette législation. Elle découragea les étrangers de venir chez nous, d'y apporter leurs capitaux, d'y fonder des industries, de s'y établir d'une façon durable ; elle les éloigna de nous au moment où nous aurions eu le plus besoin de leur concours pour refaire notre prospérité gravement compromise par des luttes incessantes. Il fallait les y ramener en leur faisant un meilleur sort dans l'avenir. Ce fut l'œuvre de la loi du 14 juillet 1819 qui nous régit encore aujourd'hui.

Nous avons étudié en détail les dispositions de cette loi, telles qu'elles nous ont paru résulter de son esprit, de ses travaux préparatoires et de son texte même. Il nous faut l'apprécier à présent.

Or, la loi de 1819 contient deux règles d'une valeur bien différente.

L'art. 1ᵉʳ proclame l'égalité des étrangers et des Fran
çais en ce qui touche la jouissance du droit de succession. Il supprime les incapacités dont les étrangers
étaient frappés sous l'empire du Code civil.

On doit approuver cette première partie de la loi sans
réserve. Au point de vue historique, c'est l'abandon
définitif de la pratique odieuse de l'aubaine ; c'est le
retour irrévocable vers les pensées généreuses de
l'Assemblée Constituante. Au point de vue des principes,
c'est l'heureuse consécration de cette règle de justice,
que sous le rapport des droits privés, pour les relations
de famille et en ce qui concerne le patrimoine, il ne doit
exister aucune différence entre les étrangers et les
nationaux. Les étrangers reconnus de tout temps capables d'être propriétaires et d'avoir une famille doivent
par une conséquence naturelle pouvoir acquérir par
succession, par donation ou par testament, et pouvoir
disposer de leur fortune par les mêmes modes.

Il est regrettable que le législateur de la Restauration
ne s'en soit pas tenu à cette seule disposition ; son
œuvre eût été vraiment parfaite. Elle n'eût soulevé
aucune objection et n'eût laissé place à aucune critique
sérieuse. Mais nous avons vu que sa réforme avait moins
été inspirée par la pensée généreuse qui animait les
membres de l'Assemblée Nationale que par un calcul
intéressé. Dès lors, il crut bon de tempérer les concessions faites au principe de justice dans l'art. 1ᵉʳ, par
une réserve destinée à sauvegarder l'intérêt national.

D'où l'art. 2 et le droit de prélèvement qu'il consacre.
Or, il ne faut pas craindre de le déclarer, la disposition établie par cet article est mauvaise.

Si l'art. 1er procède de l'esprit équitable du droit
révolutionnaire, l'art. 2 de la loi du 14 juillet 1819 n'est
qu'une transformation hypocrite et fâcheuse du régime
étroit de la réciprocité qu'avait adopté le Code civil.

Accorder aux cohéritiers français en concours avec
des cohéritiers étrangers un droit de prélèvement sur
les biens situés en France dans le cas où ils se trouve-
raient exclus des biens situés à l'étranger parce qu'ils
sont français, se comprendrait encore. La solution serait
peu généreuse, nullement libérale, mais en somme elle
ne heurterait aucun principe essentiel. C'est bien, nous
l'avons vu, l'interprétation que certains auteurs ont
essayé de donner à la loi de 1819, dans le but louable
d'en atténuer les effets regrettables. Nous avons montré
qu'il était impossible de limiter ainsi les conséquences
de l'art. 2. Son esprit et son texte rapprochés des travaux préparatoires sont trop formels en sens contraire.
Ce n'est pas seulement l'exclusion pour cause d'extranéité, c'est aussi l'exclusion résultant d'une réglemen-
tation différente du droit successoral, ou bien encore
l'exclusion prononcée par une donation ou par un testament valable à l'étranger, nul en France, en un mot,
c'est toute exclusion « pour quelque cause que ce soit »
qui donne ouverture au prélèvement au profit du Français.

Il en résulte que par un moyen détourné la législation française étend son empire au-delà de son domaine légitime et tient en échec les règles établies par les législations étrangères sous le rapport du règlement des successions. Par là même les règles ordinaires qui devraient présider au conflit des lois en cette matière se trouvent faussées et détournées de leur application normale.

Enfin l'exercice du droit de prélèvement peut conduire à ce résultat d'écarter complètement le cohéritier étranger de la succession française en attribuant la part qui lui reviendrait, à titre de compensation au cohéritier français. Il aboutit alors à la négation même du droit de succession de l'étranger et à la pratique partielle du droit d'aubaine ; en sorte qu'on a pu dire sans trop d'exagération que l'art. 2 contenait en germe le principe destructeur de la disposition formulée dans l'art. 1er.

Nous conclurons donc en demandant l'abrogation pure et simple de l'art. 2 de la la loi du 14 juillet 1819.

Ce sera, nous l'espérons, l'œuvre du législateur de demain.

Vu : LE PRÉSIDENT DE LA THÈSE,<br>
A. LAINÉ.

Vu : LE DOYEN,
GLASSON.

Vu et permis d'imprimer,<br>
LE VICE RECTEUR DE L'ACADÉMIE DE PARIS,<br>
GRÉARD.

# TABLE DES MATIÈRES

## TROISIÈME PARTIE

**Du prélèvement réservé aux cohéritiers français.**



IMPRIMERIE F. DEVERDUN, BUZANÇAIS (INDRE).

www.ingramcontent.com/pod-product-compliance
Ingram Content Group UK Ltd.
Pitfield, Milton Keynes, MK11 3LW, UK
UKHW022219120726
13694UKWH00002B/604